11堂成长课
让男孩成为杰出男人

海豹突击队
教养男孩 手册

★

11 堂成长课
让男孩成为杰出男人

[美] 埃里克·戴维斯 (Eric Davis)
[美] 蒂娜·桑托利 (Dina Santorelli)　　/ 著

耿 芳　郝险峰 / 译

北京联合出版公司
Beijing United Publishing Co.,Ltd.

目 录

CONTENTS

作者按

AUTHOR'S NOTES

　　本书中海豹突击队队员和他们儿子的故事都是真实存在的，当然一些姓名和细节有所改动。如无授权，海豹突击队队员的名字和真实身份不会在此公开。

　　因本人受过特训，在教育孩子时我所采用的一些海豹突击队队员的训练方法是具有一定危险性的，普通孩子或家长请勿随意模仿。各位读者虽然不能复制进行那些危险项目，但可以根据常识评估自己的能力，以适当变通的方式开展本书中提到的一些课程及相关的训练方法。

海豹突击队
教养男孩手册

引言

向着目标前进

在加利福尼亚州炎热的奈兰德沙漠，汗流浃背、口渴难耐的我仅剩两个小时就能完成最后的追踪演练了。如果我无法通过这次考核，只能就此离开狙击手学校。

我已经朝着错误的目标匍匐前进了好几个小时。虽然四周以来每天六个小时待在沙漠里，但我还是没能掌握好追踪目标的技巧。凭借某种本能和运气调整方向后，我好不容易才到达最终射击位置，此时只剩五分钟的时间架枪射击了，可我却突然间听到："停！"

这是所有狙击队员最怕听到的声音，这意味着观察点的教官已经发现了一名场地里的队员。"是我吗？发现我了？我晃动树了？"几分钟后，一位步行者，也就是场地教官，从我身前几米处走过。我艰难地吞了口含沙的唾沫，垂头丧气地趴在地上，以为会听到宣布我出局的话："脚下有狙击手！"

"身体放低点，"耳边却传来步行者同情的声音，"凡是高过我膝盖的地方，他们可都能看得到呢。"他朝着场地另一边吱啦作响的无线电设备走去，我依然安全。

我继续一动不动。现在进行的是潜行训练，要在指挥塔严密观测之下进行模拟射击，要求射出两枪——如果你到达最终射击位置并且未被指挥塔教官逮到，可以射出第一枪；第二枪则由步行者给出指令，他会来到距离你十米以内的位置，在你给子弹上膛、射出第二枪时让指挥塔上的教官仔细观察你。他们会观察你射击时枪口冲击波是否会导致树叶颤动或尘土飞扬。作为海豹突击队队员，要做到就算有人用最高性能的望远镜直面观察，也无法发现他。

现在只剩两分钟时间完成平时需30分钟甚至两小时才能完成的动作，我就位准备射击。心下盼着教官已经移开视线，把子弹上膛，深吸一口气，飞速冲到附近的一棵树后。时间迅速流逝，我顾不得那么多了，抛开一切隐形，把枪管迅速插入树干间，心里默念着上帝，"砰！"的一声扣动扳机。

在计时将要结束前，我射出了第一枪，心想："这下完了，得出局了！"（按照规则，一旦你打出第一枪，就不能再有任何动作来调整射击位置，而我的射击位置非常不好。）我沮丧地静候步行者给我指令。在给塔台教官发射观测信号后，他喊道："三、二、一，射击！"我开了第二枪。

"咔嗒……"

枪声没响。

"妈的，哑弹！"我心里咒骂着。

我还得再找颗子弹，在他们眼皮子底下重新装上，早知道我多带一颗，情况就不会这么糟糕了。

"好吧，我想你可以把那颗子弹重新装一下，希望这次是好的，兄弟。"步行者对我说道，这话听起来更像我的队友而不是教官说的。

我重新上了一遍子弹，再次拉开我那雷明顿700的枪栓。这次枪响了，步行者确认我在规定射击距离（160～200米）内，然后说出今天最令我难以置信的话："你通过了。"

追逐靶心

学做父亲和学做狙击手没有多大不同，也是件很有难度的事，很多人费了九牛二虎之力也做不好，因为这需要具备极大的耐心、自律以及专注。我们得在严密的监视和苛评中先声夺人，找准位置，出其不意地正中靶心，才能保住我们自己的领地不受另一半、孩子、其他家长以及社会的牵绊。我们一天天、一年年不停攀爬，不断向前，带着我们的家人穿越未知的领地，我们靠自己、靠运气助我们实现目标。

作为狙击手教官，我培训学生时，总会用一个词组来形容什么总是阻碍他们击中标靶，这个词组就是"瞄准靶心"，也就是说，他们总是依赖于射击时那些看上去似乎明显或直观的印象，而不想想脱靶可能存在其他的原因。影响狙击手成功击中标靶的因素很多，第一个就是装在步枪上方的瞄准镜（一个嵌入十字丝的光学目镜）。一般来说，向右调节旋钮五个刻度，可使弹着点左移13厘米，容易吧。然而，瞄准镜很少会导致脱靶。更多时候，我们看不到脱靶的原因。风、光线、湿度、身体位置、扳机压力、空气密度、观测角度、身体姿势、呼吸甚至地球自转都有可能造成影响。

如果这些因素单个起作用的话，对射击精度的影响极其有限，往往会被人们忽略不计。然而，它们合起来产生的作用却往往会加大脱靶的概率。更令人难以把握的是：这些因素往往随时变化。我曾看到一个狙击手在进行700米距离爆头训练时，由于受下行风向影响，弹道偏右。他觉得之前调校瞄准镜的位置不对，便向左旋转调校旋钮，并没有考虑到自己误读或忽略了风。之后他射出第二枪，此时刚才的风停了，弹道又偏左了。这次他仍然没有意识到潜藏的风力在作怪，又觉得自己的枪出了问题。（天哪，恐怕仅仅因为中午吃辣也能让你700米爆头射偏吧！）

现在让我们来瞄准。即使把瞄准镜和枪都换了，也改变不了什么，你仍会有时中靶有时不中靶。狙击手学校很多被淘汰出局的队员不是动作做得不够标准或是装备有问题，而是因为他们无法透过瞬间的直觉和体悟感知标靶。他们弄不明白今天太阳的方向和身体的位置同昨天一样，为何却会脱靶。他们始终找不到自己失败的原因，除了瞄准靶心，别无他法。

而我们做父亲的有时也同样面临有时中靶有时不中靶的问

题。我们总喜欢依赖于父辈的教诲、自己的直觉标准和世俗标准。一路走来，当我们深陷困境或遭遇失败时，总围着自己熟知、保守的解决方案绕圈子。我们坚持走已知的路，不走未知的路。

我看到太多的父亲经历相当程度的羞愧、疑虑、挫折甚至失败，其原因可归结为以下两点。

1. 他们错误地认同选择父辈、家庭或世俗对男人的设定，用严苛的规矩、高压的惩罚、克制的爱等固化而专制的方式教育孩子。

2. **由于漠视、懒惰或事务繁忙，他们把调校为父之镜的旋钮设定在了削弱儿子成长能力的刻度上——孩子要什么给什么，或者替他们包揽一切，不让孩子为自己的选择和行为负该负的责任，承担必须承担的后果，这使得孩子根本没有机会学习和成长。**这些父亲就像是把儿子举起来，直接抛到障碍训练场那头，致使孩子们无法从攀越障碍中学到生存发展的技能，无法提高个人实力。

这两个群体都无法透过自身认知找出导致他们出局的真正原因。海豹突击队队员要面临的是危险丛生的环境，只有找出可能导致脱靶埋藏深层的原因，才能在荒野中求得生存并占据优势。普通人的一生也常处于危险的边缘，他们要学会的虽不是瞄准靶心，但却必须毫无条件地刻苦进取、取正纠偏。许多父母并不觉得他们在孩子面前的言行表达其实攸关生死，事实上他们与执行任务的海豹突击队队员并没有什么两样，只不过后果也许不会当下立现，但未来招致的打击同样是致命的。

成为海豹突击队式的家长应具备以下素质

◇　勇往直前

◇　尊重他人

◇　荣誉至上

◇　坚韧顽强

◇　大胆创新

◇　通力协作

◇　沉着自信

◇　勇担责任

先确立目标，有目标的努力才是有效行动

美国海陆空三栖突击队，别名美国海军海豹突击队，是美国最重要的特种作战部队。目前有近2500名现役海豹突击队队员，占海军总人数不到1%。

1998年至2008年，我在海豹突击队服役，被派驻在加利福尼亚州科罗纳多基地。我单独承担过四次独立行动，并成功完成三十多次任务，许多任务都是在中东地区突袭各种舰船，另外一些是在无名地区开展情报工作。作为一个参与了全球反恐斗争的资深老兵，我为此感到自豪，并因擅长技术和物理侦察，有幸被选派到全世界各种禁区进行情报搜集。另外，我在海豹突击队服役期间，有一半的时间都是在做狙击手教官，培

训过马库斯·拉特尔 [1]、克里斯·凯尔 [2] 等优秀的队员。

我和我的好友前海豹突击队队员布兰登·韦伯一起通过BUD/S（基本水下爆破训练）后，一起被分到美国海军海豹突击队第三分队服役，共同致力于对狙击手的培养。（如果你读过他的《红圈》（Red Circle）一书，应该知道他在海豹突击队每一段职业生涯中都有我的影子。）在我的一位极有魄力的上级——士官长 M 的率领下，我和布兰登以及其他狙击手教官们经过共同努力，极大地降低了美国海军特种作战部队的国际狙击手课程的培训失败率，该课程连不少经验丰富的美军特种部队作战人员都难以通过考核。（按规定，每个海豹突击队作战排都要求配备一定人数的合格狙击手。）在我们任期内，狙击手减员率由原来的两位数骤降至仅仅 5%，而我们是在没有增加培养经费和时间、没有降低培养标准的前提下取得如此成效的。这一培养模式的成功全在于狙击手训练的方法、理念和要义的施行，就像你在本书中读到的那样。

2008 年我从海豹突击队退役后，我把这些海豹突击队队员们践行过的要义转授给社会各界组织机构及个人。我也成功地把它们贯穿于自身生活当中，成为一名合格的父亲、称职的丈夫、成功的企业家和作家。

1　马库斯·拉特尔：因 2005 年在阿富汗的红翼行动获得海军十字勋章，著有《孤独的幸存者》，被改编为同名电影，获多项大奖。
2　克里斯·凯尔：为美军史上确认狙击人数纪录最高者，被认为是美国军事史上最致命的狙击手。2009 年退役，2013 年在得州射击场遭暗杀身亡。著有《美国狙击手》和《十杆枪》。为电影《美国狙击手》的原型人物。

"有效行动"与"无效行动"

对海豹突击队队员来说，每次行动都有目的，每项任务都有目标。然而，普通民众很少有人能真正了解行动的意义和目的，这也是为什么他们常会在工作、学习等各项事宜以及与家人、子女的关系中置身困境的原因。"行动"与"动作"最根本的区别如下。

行动：是指朝着有效目标努力。

动作：只是努力。

动作仅能让你感觉到自己在做事情或朝着某个方向走。忙归忙、努力归努力，但却没有进展，甚至比不上追踪了错误目标的狙击手，因为你根本没有目标，只是在埋头毫无理性的随处乱爬。你应问自己：

◎你每天花时间和精力做的哪三件事是毫无意义的？哪些事是你可以立刻停止却对你的生活不会有任何影响的？

◎你每天花时间和精力完成的哪三件事是有意义的？哪些事能帮助你有效提高为人父母的能力？

从根本上讲，一切领域里的实践活动都具有共性。诸如战略运用、领导力、团队协作等概念不仅适用于海豹突击队，也适用于狙击小组、营销团队、子女的共同教育。虽然各方所从事的实践活动内容不同，但其中要义是相同的。对于每一位父亲、狙击手或首席执行官来说，成功的关键在于能够认识、掌握并应对各种影响战略实施、个人发展以及摆脱困境的潜在因素。找到这些潜在因素并处理得当后，再没有什么能阻挡你瞄准靶心了。

重拾为父之责，儿子需要我们的帮助

我有四个孩子：三个女儿分别是泰勒，23 岁；艾拉，11 岁；丽娅，9 岁；一个儿子，杰森，20 岁。他们性格虽然不是完美无缺，但却没有吸毒的恶习，他们自信、尊重他人，最重要的是，他们很快乐。我对待孩子们不偏不倚，以相同的标准要求他们每个人。而我在本书中特别关注男孩子们，提出"塑造男子汉"是有原因的。

我看到太多的纨绔子弟像烂泥一样扶不上墙——他们在事业上毫无建树，挣不来钱，身体不健康，精神颓废，无病呻吟。随着几代人的发展，父亲们已经慢慢推卸掉自己作为父亲的责任。当工业革命袭来，他们纷纷走出家庭去追求万能的金钱。这些年，人们衡量这些所谓成功的父亲时，仅仅从财物贡献的角度来进行评判——也就是看他能给家里挣来多少钱。传统、传承、为人的责任不再教导给我们的子孙，因为**我们太过忙于获取眼前利益。我们在教育后代方面的缺位已经使我们自己都不把男子汉当回事**，更别提让其他人和大众文化重新定义所谓男子汉的概念了。**于是，忠诚勇敢的牧羊犬们被赶走了，废柴们来了。**

这是一场不对等的战争

重拾为父之责迫在眉睫，就像战争一样，它迫使我们大胆创新，发挥自身最优异的潜能，达到最高的效率。从军事上讲，战争分为两种。

◎对等战争：即交战双方拥有相近的、常规的军事力量、军事资源及战略，双方基本上是在角力，没有太多技术上的变化。譬如我们在教科书上曾看到的红衣军和白衣军之战，双方一方从山上、另一方从山下互相开火。哪边人更多，打仗更勇猛，哪边就能获胜。

◎不对等战争：即交战双方人数、道德制高点、行为模式、战略战策均有很大差异。如果你看过电影《爱国者》，就会发现片中主角本杰明·马丁（梅尔·吉布森饰演）率领殖民地小军团，面对强大的英军时，放弃正面对敌，采用了伪装、隐蔽、陷阱、游说、暗战等非常规作战手段。这时，为了赢得胜利可以采取任何手段。当然，这需要综合多种技能、训练和创新才能赢得战争。

教育子女就类似于进行不对等的非常规战争。每次与孩子谈心就像在打一场仗——一场以毒品、酗酒、同龄人压力、发短信、广告宣传、社会媒体等为内容的思想对战。各种奇袭无休无止，**唯一的取胜之道只有让自己变得全能。**在今天这个年代，做父亲就像在玩思考者的游戏。**想要教出个专家，你自己先得学成一个专家。**

我们必须重拾为父的角色，必须以身作则。如果我们自己都不能身体力行、无所适从的话，怎么能期望我们的儿子成为强大的、成功的、真正的男人？本书强调的重点之一就是：无论是我们自己还是我们的儿子都需要成为真正的男人。

在今天这个不断变化、遍布威胁的世界里，应该倡导一种新型的父亲形象，我们的责任不再是传统的养家糊口，而应回归家庭，满足孩子们的迫切需求——领导他们、爱他们，教导他们立世之本，成为家里家外的一把手。兄弟们，我们要跟上时代，否则即使我们再努力，也可能功亏一篑，让我们的孩子无所适从，对我们心生失望。

我知道，在教导孩子方面已有不少七嘴八舌的评论，现在一提到励志书以及充斥书店的各种各样的父母经，我们都觉得不胜其烦。但这本书是完全不一样的，它是我毕生追逐的人生的答案，它回答了什么是真正的男人，什么是为父之责，我此前从未见到过比这更合理、更可信的要义，该要义已由海豹突击队和其他特种作战部队的硬汉们践行多年。

我围绕一系列最基础、最有效的海豹突击队训练方法展开此书，把这些方法转化成为父之道，使各位父亲也能从中找到那些阻挠你们履行好天职的深层原因。我也邀请了我的一些海豹突击队战友，与我一起分享为人之父的成功经验，他们可以说是硬汉最好的代表。虽然海军海豹突击队队员们不是育儿专家，但却是擅长完成任务的专家。他们以一种令你我都大开眼界的方式鞭策、教育他们的孩子。书中还有我的妻子贝利莎和我的儿子杰森谈及海豹突击队训练方法对我们整个家庭的深刻影响。

判定战况

领导者最重要的特质是善于看清事物的内在并进行有效沟通，这在海豹突击队里叫作判定战况。这些经判定的战况是任何特种行动中拿下最终目标的参照，让你面对目标时清楚情势。同样，在教子时，你也可以通过判定你自己的战况，制定出行动策略，然后把全部精力集中于为你自己和孩子创造更富有成效的未来。

在本书的每堂课末尾，都会有一段结语——"为父反思时间"，里面提出了一连串的问题。你可以借助它们判定你自己教子任务完成的情况，不要嫌它们麻烦，也不要避讳同你的另一半分享经验。你当即就可以写下自己的任何心得。在这里，你可以通过认真思考，帮助自己定位作为父亲的角色以及具体要做的事。

重新定义下一代男人

海豹突击队队员教导孩子的方式可能看上去有点极端，比如我在第2堂课提到的绑住孩子们的手脚，把他们扔进池子里的事。但往往正是通过这种极端的体验，我们才能真正感知自身的潜能，找出重点。这并不是说你一定要把孩子扔到悬崖下或扔进池子里，才能成为好父亲。这种行为不是重点，重点是我通过这些例子告诉你我做事的方式，从中你可以看清我的行为背后的要义，看清掩藏于生命背后的微妙的本质。我希望帮助各位找到一些深藏于我们人性和内心当中的东西，一旦将其领悟，你可能会奇怪为何以前你从未注意过。

这种通过"知著"而"见微"的引导方式，是我做狙击手教官时总结出来的。有时队员们理解不了像"读风"这样的概念时，我会让他们先想象一下向沙滩球射击的场景，充气的沙滩球遇风会在瞬间明显偏移原位，子弹也是一样，只不过偏移距离极其细微而已。这就是为什么我要通过展示极端的事例来说明一些根本的要义，我希望借此帮助你认清现况，成为一名更合格的父亲——不会让你更劳累，而是让你暂停瞄准，**重新调整你的时间和精力，以最有效的方式将其用在最有用的地方**。

我们要让孩子们建立起对我们的信任，以我们为荣，甚至崇拜我们，以便他们在未来的人生道路上愿意听取我们的意见，选择好通往成功的道路。我本人就是这样做的。作为前海豹突击队队员，我就曾这样带着我的四个孩子历尽艰辛，一路挺过来。也许前路还会有荆棘，但这些塑造了孩子们个性的要义将帮助我们跨越一切障碍。无论是在海豹突击队的训练过程中，还是在教育子女的过程中，**每个人都有软弱的时候，但只要把软弱的本质看透，我们很快就能恢复并从中获得成长，这就是成功**。

不管你的孩子刚出生，还是十几岁，还是已成年，你都应从现在开始把承担父责作为你的任务和目标，因为这与你和你的孩子们密切相关。记得我才19岁时就有了第一个女儿泰勒，我不知怎么办才好，无论从身心哪方面来讲，我都还没有做好接纳她的准备，这种情况就像我要通过BUD/S或狙击手训练时一样，但我知道我会摆正做父亲的位置。（我记得很清楚，在新加坡大醉一宿之后，我把一个日语kanji［意为"父亲"］文在了后背上。）因为它是我想要达到的目标，一条我选择的路，就像之前我选择成为一名海豹突击队队员一样。

选择的力量是强大的，这也是一次非常好的机会——学习、成长、开始、重新开始。至于男子汉什么样，怎么塑造男子汉，没有固定的框架，但我在海豹突击队受训期间所经历的各种危难告诉我：只有你全身心投入其中时，才能感知自身有多大潜能。好，那就让我们把所有这一切都摆上台面吧。赌注太高，高得我们几乎不敢临时发挥或凭借直觉；时间太短，短得怕瞄不准为父之责的标靶。不管怎样，伙计们，我们有活儿干了。该把"为人父"作为目标，该把这件事做好了，该找回我们自己，从我们这些父子开始重新定义一代男人，该有所为了。

就像海豹突击队的勇士们说的："来吧，上！"

第 1 堂课

组建团队

培养男孩拼尽全力及团队协作的能力，
让男孩学会生存与自我修复

让男孩成为有思想的思考者，
而非一味地执行者

我们班开始 BUD/S 已经有几周了，这天，塞缪尔带我们进入第一阶段训诫室进行简短训话。我们拖着沉重的脚步迅速、安静地鱼贯而入，看上去像一群战犯，哪里像个海豹突击队队员，一个个垂头丧气，湿漉漉的靴子沾满沙子，随着脚步的移动滑落到地板上。

我找了把椅子坐下，就是上高中时坐的那种旁边装着翻板桌的椅子——一眼瞟见有位海豹突击队高官远远站在教室的一角。我的心提了起来，他出现在这里，会不会是我们出什么糟糕的事儿了，不但要面临严肃处理，甚至连美国国会监督小组都惊动了。要知道海豹训练弄不好会有人牺牲，虽然不常见，但这样的事的确发生过。我们等候着开讲，这么多人聚在一起导致屋里温度迅速攀升，连身上被海水浸湿的制服都变干了。训练初期，我们每天都要频繁练习冲浪，身上总也干不了，这下可好，房间里迅速弥漫起一股类似太阳炙烤下的海港散发出的又臭又咸的气息。

"各位快把教室烤熟了，"塞缪尔教官平静地说，"去冲浪，冲完返回，时间65秒。"说得好像我们本该知道这么做！他低头看向腕间黑色的G-Shock抗震表，"叮"的一声，按下了计时器。

转瞬间，一百多名小伙子先后蹿出教室，冲过营区，奔过停车场，登上沙堤，扑进咸腥的海里，约莫快到65秒时，再往回冲。可惜再看塞缪尔教官的脸色就知道这次我们又搞砸了，不用说，之后又得挨罚。

高一米八几、体重81公斤的塞缪尔教官站在教室前方，外形简直就是年轻时的理查·基尔（美国著名的演员）的翻版，只不过说话带了稍许南方口音。"真没必要跟你们说了，反正这周末你们大部分人都得离开，"他说得很直接，语气缓和，"不过史密斯先生要去非洲了，我请他来给大家讲几句话。"说完塞缪尔教官让到一边，史密斯上尉走近前来。他个子稍矮，体形稍瘦，蓄着小胡子，看着不像海豹突击队队员，倒更像美国总统候选人。

"伙计们好吗？"史密斯上尉问道，答案显而易见。

"Hooyah（好）！"

"明白了没有？"他又问。

这次只有几个人弱弱地答道："Hooyah（明白）……"言下之意却是：不知道你在说什么，我们是为答而答。

史密斯上尉和塞缪尔教官交换了一个眼神，看起来像在互相说"真是一群笨蛋"。可史密斯上尉接下来的话却大大出乎我的意料。

"我来这儿，是要告诉大家我们为什么这么练。"

这可真让我猝不及防。我以为海豹突击队队员训练的第一课应该是：脑袋撞倒墙，油门踩到底，不问为什么，只往死里跑。教官让你钻海里，再冷你也得钻，除非你冻死。教官让你扛着同伴，你就得一直扛着，除非你倒下，就算倒下，也得背着同伴继续向前爬。而他俩现在却认为应该停一停、给我们解释一下。我觉得这是对传统训练思想和模式的转变，这是要让我们在**成为执行者的同时，成为有头脑的思考者**，这也将在今后改变我的人生。

海豹用语

Hooyah：这一呐喊含义丰富，可以是宣泄情感的方式，也可以是对事物看法的表达，或是对身心的自我调节。但以下三个意思最常见：是的，我能；对极了；你个该死的浑蛋。

父亲永远不该在孩子的成长过程中缺席

BUD/S 分为三个阶段的野战训练，为期 6 个月。

◎基础训练阶段：训练海豹突击队队员依靠自己和队友。

危险：搞不好会给别人添麻烦，甚至可能伤了自己。

◎战斗潜水阶段：训练海豹突击队队员依靠自己和潜水同伴。

危险：搞不好会把你的潜水同伴踢出局，甚至灭了他。

◎陆战训练：训练海豹突击队队员依靠团队，做到几乎不可能做到的事。

危险：你可能把全班都灭了。

准备着领导，准备着服从，永不放弃

有放弃海豹训练的吗？当然有，比例高达 70% 以上。第一阶段训练就有不少人被淘汰，原因各种各样，但失败的根本原因在于他们不会吸取前车之鉴，不懂得变通，太自我，贪图一时安逸。

有放弃为父之责的吗？有，我说的不是单纯地走开不管孩子那么简单的事。有句话："一朝为父，终生为父。"可我碰到过不少父亲拱手认输，这认输看上去似乎和放弃不太一样。可我觉得，**父亲永远不该在孩子的成长过程中缺席，父亲就应该是那个永远站在孩子身后，和他们一起做作业，一起玩，给他们出主意的人。**而那些成天忙于工

作、成日和朋友鬼混、流连酒吧，却抽不出时间陪伴孩子的人，根本就不像个父亲。他放弃为父之责了吗？表面上没有。但实际上，每次该履行为父之责时他都为了自己的个人喜好或一时安逸而躲开，这实际上就是放弃，读了我这些话的父亲应该知道我之所指。

还有一类父亲，他们成天宅在家里，却只管自己看电视刷剧，不理孩子，不陪他们玩，进行户外活动。这样的行为是放弃为父之责吗？没人能说他放弃了，但实际上他的确放弃了。他的人在这儿，心却不在这儿。有一点我们要注意，海豹突击队队员放弃受训，他离开后就不会再给自己或整个队伍造成任何损失。**可放弃为父之责的父亲却会在孩子的生活中继续存在并施加负面的影响，他对孩子情感上的忽略和由此产生的距离感，往往会伤害孩子的自尊心和自信心。**

不过倒有个好消息，如果你之前放弃过，无论是海豹训练还是为父之责，仍然可以从头再来，都有第二次机会。

在海豹训练中，有一个奖项叫"全能标兵奖"，授予那些没有失败记录、通过全项考核的队员。（当然还有"神勇之火奖"，授予克服极端困难、通过某项考核的队员。）由于海豹特训的动态性和随机性，只有极少数队员能够获得该奖，毕业时学校不再对此全能项进行特殊表彰，只授予与其他毕业队员一样的证书。

在摸索前行的人生中，不是为了至臻完美，而是要认识并修正自身的错误，跌倒后重新爬起来，永不言弃！**本**

书讲述的不是一群完美父亲的事迹。（我知道有不少书都在杜撰完美。）本书要分享给读者的是海豹突击队队员们的各种失败以及从中得出的最宝贵的经验。

虽然在这次简短的训话中，史密斯上尉讲的内容不少，但有一点我铭记于心：我们每项训练的设计，其目的不是塑造孤胆英雄，而是评价和构建我们团队作战的能力。这些年，我越来越体会到海豹突击队队员的训练和承担为父之责一样，都是循序渐进的过程，无论在复杂程度和后续影响上都是一个阶段高过一个阶段。对父亲的要求随着孩子的成长不断增多，从简单基本到极为复杂，很多时候一个家庭必须团结协作才能应对好这些变化。总之，海豹突击队队员们和父母们要想掌控各自的形势，必须与队友或家人通力合作、交流沟通，秉持共同前进的信念，即团队精神！

2 岁前，考验的不是男孩 而是父亲的耐力极限和修复能力

第一阶段

海豹特训：第 1 周至第 7 周

为父之责：孩子出生起到 2 岁

海豹特训第一阶段被称作"基础训练阶段"，该阶段就像拳击训练时一样，教练要用铁拳照着队员的脸猛揍，才能让他学会怎么接拳。准确地讲，我们的目标是通过训练，让队员做到自己出错或失败时不给战友们带来麻烦。该阶段训练内容的设计是为了让队员们达到自己的极限，找到并剔除那些承受不了或不愿承受严酷考验的人。

第一阶段在海军特战中心进行，训练区不大，四周圈着围墙，全方位装有监控摄像头，有武装警卫站岗，有参训的海豹突击队队员。没什么可看的，唯一的特点就是没特点。

特战中心是一幢两层楼，外墙是看着发污的浅棕褐色，旁边紧邻一排老式煤渣砖堆砌的办公用房，给人的感觉就像没安防护栅栏的监狱大院。这些房子中央是个类似于大院子的地方，海豹突击队队员们戏称它为"磨床"，因为院子里的地面粗糙，在上面做几千个仰卧起坐后能把你屁股上的肉都磨光。上百名队员不在此训练时，你可以看到地上画有小脚蹼的标记，这里就是平时队员们列队进行体能训练的地方。

"磨床"前方有个蓝色的木制小讲台，是教官们指导队员们体训的地方，讲台围着一圈带顶棚的由金属杆支撑的通道，杆子顶端焊有横梁，用于做引体向上。训练区外围是几栋三层高的营房，这里是队员们第一阶段训练的驻地，还有个停车场，再过去就是海滩了。在海滩那里你还会看到一个蓝色的小木台子，教官站在那里指导沙滩体训。另外还有一个塔台，上面坠下几条粗大的绳索，队员们训练时爬上爬下，直到练得手掌渗血。塔台后面是一道很陡的沙堤，沙堤下便是太平洋冰冷的海水。海豹突击队队员们在这里所接受的是最基本、最原始的技能训练——单杠引体向上、攀沙、冷潜、攀绳等。它们没有任何花哨，和现代过度倚重技术型的健身方式相比简直不能相提并论。在这里，你除了拼尽全力，还是拼尽全力。

在第一阶段的训练中，海豹学员们要经历一次次测试——包括身体测试和心理测试。他们必须在严密监测下抵挡住极度的高压，才能保证自己作为个体能适应并且有利于整个团队。教官们无休止地鞭策队员的同时，会观察他们的个性和集体感。每个成员都要做到在极度困倦、体感极度异常、体力极度损耗的情况下，还能保持一丝清醒、理智和时刻的警惕。也只有在这种身体和心理的双重煎熬下，才能窥见一个人真正的决心和意志。

随着第一阶段训练的持续进行，对海豹学员们的考验也在不断增强。衣服干着的时候要进行障碍跑，湿着的时候也要进行障碍跑。你要在能把人拍到沙滩上的大浪里驾驭小船，你还要在能把人拍到岩石上的巨浪里驾驭小船。入水出水，一次又一次。每天你要做几千次打水，直到打得你腿都抬不起来。在水泥地上做俯卧撑，在沙滩上做俯卧撑，在水里还要做俯卧撑。你得抱着胸口压着的大原木做仰卧起坐，一直做到双手皮肤撕裂。然后又入水出水，一次又一次。头顶橡皮艇跑几百公里，头皮没磨破再跑几百公里，直到橡皮艇把头皮磨掉。我还记得一次在外海中游的时间过长，连我下身的小宝贝儿都受不了了——我是说真的——它们居然抛弃我，自己缩进我那温暖的盆腔里寻求安全去了。

（最疯狂的是我当时居然还在一门心思地游啊游的，很认命地接
受了它们可能从此弃我而去的事实。）当然，在教官们严密监督
下，我们的考验不断加大，他们想尽一切办法寻找你动摇或虚弱
的瞬间。**他们要评估的不是海豹学员表现最好的一面，而是表现
最差的一面，就算你赢了也没人在乎你是怎么做到的。**

　　教官让学员们一遍遍重复着这些增强耐力的体能训练，直
到肌肉麻木，直到再也无法爬起，然后第二天再重新来过。日
复一日，朝九晚五，就像一个卡通片里的牧羊犬，每天早起上
班，追着草原狼暴打一天，傍晚下班，天天如此。教官们给你
一晚上的时间恢复体力，第二天再接着收拾你。这就是海豹突
击队训练让人望而却步的原因，不停地推 / 停——教官把你推至
耐力的极限，然后让你稍事休息，以便下次将你推向更高的极
限，一次又一次。教官们借此让你学会如何修复自己，也给你
时间和机会让你休息后再战。这就像抻一根橡皮筋，当你把它
抻得超出了极限，它会断掉不能再用，对它来说拉抻的痛苦很
快就结束了。但如果你只抻至它可以承受的极限范围，然后停
会儿再抻，你就能抻得更长；经过多次重复后，你就可以把它
抻得越来越长，而不会弄断它。这就是 BUD/S 的过程。

海豹用语——小甜饼

小甜饼这个词在海豹突击队有特别的含义。在BUD/S

中，如果教官喊"小甜饼"，那就是他在命令你先做冷水冲浪，然后在湿沙地上打滚，直到你身上每一寸肌肤都沾满沙子。这样，下面的体能训练项——跑步、障碍跑，包括简单的立正——对你来讲，都成了折磨，身上裹的盐和沙粒令人发痒，不断灼烧、磨薄你的皮肤。漂亮的、甜甜的小甜饼愣是给变成了让人痛苦和绝望并多少带着扭曲和邪恶的1种体能训练。小甜饼，噢，看看我湿湿的、沾满沙子的、磨得通红的屁股吧！

　　就像海豹突击队的第一阶段训练，为父初期也是需要相当体力的。许多新手父亲严重失眠（我是直到有了第四个孩子丽娅，才学会在她要醒的时候装睡，这样她可能也会闭上眼继续睡）；体力消耗也相当大，因为孩子们会到处乱爬乱跑，走廊、人行道、商场，到哪里都不闲着。他们倒不会让你钻水里或滚沙地，不过他们会吐你一身、拉你一身。每次出门旅行都是变相的障碍跑，一会儿这个漏了，一会儿那个撒了，再配上孩子们的哭声，直到你半夜烦得第五次躲到走廊里，后悔自己不该出来旅行以致深陷在处理孩子们制造的麻烦当中。想象自己跌下楼或发高烧，这样就可以躺在床上偷懒了。总之是一筹莫展，不知该怎么办，不知什么时候是个头。

　　为父的第一阶段里你是什么都掌控不了的，你不要问为什么，只能闷头去做。可就算你有了父亲之名，而且也全身心投入父亲的角色了，情况还是超出你的预计。这时你心里得有一个底线：你正在遭受定期的打击。你得把自己调到求存的模式，要对自己说："如果我能再忍忍，通过这次考验，以后就好了。"等下一次、再下一次考验来临时，你还是要这样想，直到历尽千辛万苦。你的执着会把你带到成功的彼岸，你的信心日积月累起来，这时你发现自己来到了第二个阶段，它将带给你更多的挑战和机遇，以及奖励。要让我给海豹特训队员提建议的话，我也给出与父亲们相同的谏言：**保持冷静，别气馁，别放弃。**

2 岁到 14 岁，
让男孩懂得团队合作的重要性

第二阶段训练

海豹训练：第 8 周至第 14 周

为父之责：孩子 2 岁至 14 岁

在第二阶段，即战斗潜水阶段，海豹突击队队员们受训要成为"战斗游泳者"，课程包括开式、闭式回路潜水以及潜水物理、潜水医学、潜水救援等。随着训练的进行，对小组每位成员来讲任务的复杂性不断增高，在任务中疏忽或出错的后果也越来越严重，这时团队合作至关重要。

地狱周

在第一阶段的第四周，就像传说中一样残酷或更甚，也许和你第一周做父亲的感觉有点类似。从周日一直到周五，海豹学员们动作痛苦，忍受着寒冷、肌肉痉挛甚至麻木。每 8 小时就有一组新教官莅临班上，举着喇叭筒，花样百出地逼迫你放弃。他们甚至告诉你他们都认为你不够好，都希望除掉你。更有甚者，他们还架起一张桌子，上面放着热咖啡和甜甜圈，说只要你放弃就让你享用。在这一周课程中，学员们要跑 300 多公里，总共只睡不到 4 小时。记忆中只剩痛苦和挣扎，脑海中不受控制地闪过无数幻影，鲨鱼、人影以及头顶橡皮艇时昏昏欲睡的模糊场景，这些至今仍旧深深地刻在我的脑海里，挥之不去。

在这一阶段，一个小小的纰漏导致的可能不单单是个人失败和受伤，甚至可能要了他人的命。进行潜水时，水下黑暗而危险，你必须与潜水伙伴共同进退。潜水伙伴一般由你自己选定，你们共同执行该阶段的所有特训任务。你们俩总是"你在哪儿，他在哪儿"，这意味着如果你永远沉入海底，他也一样。该阶段训练的重点不再是不屈不挠和不言弃，而是与你的伙伴一起学习、计划、执行技术性问题，以达到能安全、成功地完成任务的目的。如果你们不能计划好整个潜水过程，轻则两人均被淘汰，重则会要了你们的命。

在第二阶段任务的第一部分，学员们所处的环境只是有可能伤到自己，该阶段叫作"池营"，我们把它叫作"水下谋杀未遂"。"池营"开始时，学员们背对一个奥运会游泳池那样巨大的游泳池坐下，背上绑着一套黑色的双子—80 型自携式水下呼吸器，手腕上绑着潜水面具，脚上穿着潜水靴，身边放一套黑鳍。

在海豹特训的测试过程中，我一般不建议第一个往前冲。但"池营"训练是不一样的，相信我，你最好冲在前面。我记得当时我背对着游泳池坐着，不让转身看后面的情况，我只能通过听觉判断现场情况。不过情况可不怎么妙：我听到潜水呼吸器进水后就爆掉，软管"吱"地一下断开漏气的声音。水哗哗翻腾间夹杂着"停下，我呼吸不了啦"，随后紧接着教官平静的声音，一会儿是："医生快来！"一会儿是："你不行，不行，不行！出来，笨蛋！"

想想看，肚子挨了痛打，面罩也被扯掉，空气软管结成的死结能把逃生大师霍迪尼吓得魂飞魄散。设计的每项训练都是为了测试你是否会忽视想要呼吸和活下去的渴望，以证明你有实力完成后续的特训，当然风险也是后果自负。这是你第一次展示自己值得受到另一位海豹学员生死相托的机会，共同潜入漆黑的深水中，在巨型海军驱逐舰体下放置模拟爆炸物。

一旦你通过"池营"测试，就可以开始学习使用 LAR5 型德制闭式回路呼吸器，利用该系统潜水员可以把自己呼出的气体循环再利用，不会因产生气泡在敌方水域暴露目标。说白了，这就是一个小氧气瓶，把你呼出的气收集进一个小袋子，然后你呼出的气会通过一种像猫砂似的清洗装置。清洗装置会过滤掉里面的二氧化碳，回收其中没用完的氧气，这样在水中就不会有气泡或明显的声音产生。潜水时间最长可达4小时，但危险也是相当大的，因为氧含量过高（有时因深水压力会导致此现象）会损伤身体，甚至致命。同样的情况也会出现在过滤二氧化碳的过滤器中，如果海水渗入其中，它就会变成一杯"腐蚀性鸡尾酒"，烧坏你的嗓子甚至肺部。

由于潜水训练是在完全黑暗的水里进行，你和你的潜伴须连在一起，以防互相失去联系。所以你一定要知道与你相连的那个人一定会与你紧密相随，即使他面临死亡也是一样。因为如果他慌乱，向水面逃窜，你们两人可能都会失败甚至死亡。在潜水阶段，你要值得让他人托付生命，与你命运紧密相连。你是团队的一员，为了集体的最终胜利，你必须把全局放在首要位置，你个人的处境和想法只在其次。

百分之百的个人责任

海豹突击队队员不是机器人，他们也有不满。如果一个潜水伙伴完不成他自己的任务，只能让你来挑大梁，那你当然很生气啦。不过打归打、骂归骂，即使如此，我们还是要踢着他的屁股往前游，因为我们得完成任务。每个人都必须顶住，一个都不能少。

> 海豹突击队队员是精英中的精英。人们不理解他们为什么对自己的伙伴如此忠诚和亲密，甚至愿意为了让对方生存下去而付出自己的生命。我也是一样，把他们看作家人——他们就像我孩提时代过生日或开烧烤宴时必请的那些死党。
>
> ——杰森·戴维斯

潜水小组协同作战不仅出于安全考虑，也能产生最优的战斗效果。比如，进行水下漫步时，海豹突击队队员需使用战术板。它是一种小型塑料板，上面装有罗盘和计时器。如果靠战术板引导潜水的话，你就没法观测其他了，你得操作设备。所以你基本上是在盲潜，只能依靠队友像副驾驶员一样，帮你观测情况。他监测你的二氧化碳毒性，不让海中的危险生物靠近，确保你在疲乏时不会忽略像潜水太深等会危及两人生命的重要细节。另外，小组每位成员都必须能互为援助、支持，随时补对方的空位，同时能够权衡责任。这就是为什么海豹突击队能够所向披靡的原因，我们相互扶持，互为指引，互为犄角。

和海豹特训一样，第二阶段的为父之责也不再是对个人求存和忍耐的考验了，也不再是睡不够觉的问题了。你要学习换尿布、辨别咖啡因含量之外的技能和诀窍，和你的另一半一起教孩子如何与他人合作共事以完成任务。语言和知识的积累在这一时期非常关键，孩子要吸收信息，逐渐懂得自己和他人（尤其是父母）的话会导向、形成并决定他们击中标靶或完成任务的行为和能力。就像在潜水训练阶段，我们（父母和孩子们）必须学会并运用那些能决定胜负的技能或基础知识。这些习惯的形成对于当下以及今后的人生都会有影响。当孩子们跨入人生的"池营"，他们和父母一样需依赖这些所学求得生存。一旦入水，只有将训练任务进行下去。

在这一阶段，父母们必须擅长技术上的合作，每位组员都能够进行观察、监测并权衡责任。当然，父母之间的分工与海豹潜水小组成员间的分工有很大不同：一个（传统上由父亲承担，当然不一定非得是父亲）关注于游往的目标，另一个（配偶或其他重要的家庭成员）关注队伍"策划行动和执行策划"的实力，保证组员们的健康、安全和运行正常。无论你们是结了婚、单身，还是离了婚，都必须结成统一战线。别忘了，只要有一位潜水伙伴没头乱窜，就会让其他成员的生命受到威胁，家长们也是一样。因此，你们必须相互依赖、相互警醒，并能在必要时接替对方。你必须严格按规程训练，因为后果需自负。和海豹突击队特训一样，现在及今后教育子女都应该秉承"我们"第一、"我"第二的理念，请照此执行。

"潜水伙伴"放弃任务退出，我怎么办

生活中，有时你的"潜水伙伴"会和你分手，这可能出于她（他）自身选择或由于特殊环境等原因造成。我有

了两个孩子之后和妻子离婚了，但前妻斯泰西仍旧和我一起关注孩子们的成长，我们认为我俩继续"维系"父母关系对孩子们是最有好处的，我们只在对孩子的爱和原则上坚持统一战线。

我和斯泰西各自再婚了，我的现任妻子贝利莎和斯泰西的现任丈夫司各特也同我们持相同的教育态度：我们要作为团队紧密合作。司各特和我还一起给孩子们的足球队当教练，为孩子们创造最好的成长环境。当然，这也是一个挑战，团队中每个人都必须毫无怨言地放下各自的骄傲，服从集体的决定，以保持统一。我们至今仍在以团队合作的形式履行父母的职责，我们没有只自私地关注自己，把自己的安逸和喜好放在团队需求之上。

我知道我们之间的关系很是特殊，可这不应该是问题。如果你们发现自己得和另一半分手或离婚，成为孩子的单亲，我们得注意了，父亲们往往是把婚姻搞砸的罪魁祸首，所以也要靠你来担起维系团队的重任。这样你们才能以父母的身份继续协作，而这也需要两个家庭都采取相同的教育原则和生活方式。你们不能随便乱说像"孩子，你晚饭可以吃糖"这样不负责任的胡话，即便你真娶了这样的女人，你也得想法搞定她，因为这个女人可是你娶进门做孩子们母亲的。

15 岁到 18 岁，让男孩自信但不自负

第三阶段

海豹特训：第 15 周至第 21 周

为父之责：孩子 15 岁至 18 岁

在第三阶段 BUD/S 即陆战训练中，海豹学员们要掌握基本的武器知识和小组战术的运用。学会如何高效利用冲锋枪、手榴弹、C-4 塑胶炸弹、TNT 炸药以及 UDT（水下爆破组）前辈们自"二战"起惯用的管状爆破筒至关重要。

在整个海豹特训过程中，教官一直都会仔细监测每位学员的态度和举止，这样到第三阶段，他们已确定你不会给全班带来灭顶之灾。在你摆弄高性能武器时，他们尤其会前前后后密切关注你的一举一动，因为如果海豹学员不能严格按规程完美操作的话，很有可能会发生安全事故。比如怎样安全拆卸和重装 M-60 机关枪，怎样设定电子爆破范围等。你可以把这当成是他们对你的最后总攻。这是教官们除去不适合这个队伍的人的最后一次机会。他们知道自己和队友们未来有可能就要与这些家伙并肩作战，一旦他们全数通过各项训练科目，教官们就再不能拿他们怎么样了。因此，该阶段训练不仅是为学员进入海豹战斗团队做准备，也是要保护这个团队，使加入其中的每一员都是真正合格的海豹突击队队员。说真的，我们这也是在培养高素质公民，他们会在其加入的任何团队中都表现出色，有益于团队。（想象一下，如果所有的父母和孩子都能拥有海豹

突击队队员的优秀素质，那这个世界会是什么样子？）

注重小节无论怎样强调都不过分，教官对这方面错误的惩处往往极为严厉，让你深刻体会到他们对该阶段特训相当重视。由于学员们已经通过前面诸多逆境，在特训接近尾声时已建立起充分的自信，任何记过处分对他们来讲都是对自尊心的严重打击（当然这打击是在可控范围内的）。**教官们就是要通过这样做来消除他们自尊心中自负的那一部分，打铁要趁热嘛！**

噢，在这一阶段训练里，可还有冰呢！

"冰水浴"是一种全新的惩罚方式，教官把冰块倒入一个大桶，开玩笑，这可是普通人拿来洗热水澡的！加进去冷水，让你体温迅速降至难以承受的极限，直到你觉得神志都要被吸走。要完全体会这种感觉，你可以到厨房找个大点的碗，装满冰，再加上冷水，把手放进去 60 秒感受一下。然后，你想象一下如果你整个身体浸在里面是什么样的感受——而且要重复浸在里面！第三阶段每一次犯错误都可能让你致命或血肉横飞，"冰水浴"能让你时刻保持清醒头脑，警惕任何一个小的疏忽都可能带来的严重后果。它是我在 BUD/S 中唯一真正感受到过恐惧的科目。

海豹突击队一向把驾驭高性能武器作为必备项目，队员们要对每种武器都如数家珍。这不仅关乎身家性命，而且也关系着 8000 米半径内所有人员的生命安危。就是在这种始终恶劣的环境中经历过种种磨难后，海豹突击队队员逐渐形成了走向成功必需的个人责任感和自主能力。他们已经能够承担任何后果，因为他们有能力掌控它。**海豹突击队队员永远不会成为周围环**

境的牺牲品，他们始终都会把握自己的命运。

同样，我们的儿子们逐渐长大，有了自己做选择的责任和自由，选择也更复杂了，其选择常会对整个家庭造成冲击。这时你作为家长应该让你们的团队齐心协力，给你的儿子坚强的后盾，帮助他尽量少走弯路。你在递过他缰绳的同时，仍然要紧密关注、谆谆告诫，直到你判定他可以驾驭自己的人生。

我的两个孩子泰勒和杰森长大后，斯泰西和我有了些懈怠。结果我们发现这两个孩子开始不断搞出"安全事故"（随便透支信用卡，退学，老和朋友在外面鬼混），如果不及时注意的话，就可能酿成大祸。杰森总是说："会有人花大价钱请我的，因为我是杰森。"听上去这好像只是玩笑话，后来我才意识到他是认真的，这想法不但危险而且愚蠢！斯泰西和我意识到不能再信马由缰了，要展开全面的教育反攻，重新像过去那样给他们做个兜头的"冰水浴"，这是他们需要的清醒，其实也是他们内心深处渴望的清醒。

我们第一次遇见的时候，埃里克是他们作战排唯一一位做了父亲的人。一个人既是父亲又是海豹突击队队员，这感觉有点怪怪的，因为那时在我脑海里还很难把这两个角色重叠起来。埃里克对孩子的教育方法完全不同于其他父母，和我自己起初设想的也不尽相同，我们现在采用的就是他的方法，可以说其根源出自海豹突击队。我们经过战队的洗脑后，看事、想事、说话、生活等各方面都已不同于常人。我们的孩子几个月大就开始游泳，刚学会抓住凸起物就开始攀岩，从小就被装在登山包里背着到处跑：深山里、海滩上、沙漠里，没有不去的地方。迄今为止，他们的小伙伴还没有赶得上他们的，再怎么试也赶不上。

——贝利莎·戴维斯

18 岁后，男孩仍需要我们的指引

很多人以为完成了 BUD/S，海豹突击队特训就此结束。这是误解，就像孩子 1 ~ 18 岁，父母难道就什么都不管了吗？ SQT（海豹资格训练）就是在 BUD/S 基础上进行的拓展训练，SQT 可以说是简编版的海豹作战排训练平台。合格的海豹作战排需要经历长达 18 个月的集训和战术演习，把一个普通人扔进海豹作战排超过 6 个月，扛下来的可能性就相当于让他和喷气式飞机赛跑。SQT 能让海豹学员们飞速成长，达到与经验丰富的作战排相匹配。

SQT 训练成功通过后，学员们才成为真正的海豹突击队队员。他们正式加入海豹突击队，被授予"特种作战资历徽章"，即"海豹突击队三叉戟徽章"。这是一枚金色的大徽章，上面刻有一只金色的雄鹰，两爪抓着海锚、三叉戟和燧发式手枪。对海豹突击队队员来说，雄鹰代表他们从天而降、彻底征服敌人的实力，同时也激励海豹突击队队员要把超越一切武装力量作为自己的目标。如果再仔细看，会发现其装饰图案还有些微的不同，大多数雄鹰高昂抬头，但也有少数雄鹰头部微俯，这是在提醒勇士们要保持不骄不躁，不断壮大自己。海豹突击队队员在役期间，除继续进行常规学习外，还要参与多种高级特训，如军人自由落体训练、狙击手学校特训、高级爆破、智化训练等等。

　　同样，孩子18岁成人后，我们也不能放任不管，停止行使父责。此前我们一直给孩子提供"保护伞"，即我们一直以来的监督，想给受训者或孩子们营造一个正确选择、增强实力、提升自信和培养责任感的环境。一旦他们到了成年，我们就需要开展更复杂、更严格的教育，因为他们要开始自行其是，而且经常明知故犯。这是我们对他们的最后一轮锻造，以使其今后步入社会后，不仅能凭此所向披靡，而且更能青出于蓝。与其他阶段相比，在这一阶段，我们更要树立起为父之威，而不能以朋友的模式相处。

　　那些海豹突击队队员特训的初期阶段，就像孩子教育的初级阶段一样，只是为今后漫长的教导搭建了舞台，奠定了基础。随后，无论海豹学员还是我们的孩子，将要进入所谓"第四阶段特训"，这个阶段没有时限，没有止境。如果说我们的任务是培养有能力、有爱心、有品德的孩子，我们只有通过持久的协作、集体的智慧、共同的行动才能圆满完成任务。就像史密斯上尉那天在第一阶段课堂上所说：要想形成高效的作战团队，就容不下像电影里的兰博那样好勇斗狠的英雄。

大卫·卢瑟福：沟通的力量

大卫·卢瑟福是一位顶尖的充满激情的演说家、行为训练专家，出版过儿童及成年人读物的作家，行为教练。他曾在海军特战委员会服役 8 年，先后做过海豹突击队队员、战斗护理员、话务员和教官。2003 年从海军光荣退役后，他在美国政府和一家世界大型私营安保公司任战术训练及安全专家，以此不断提高自己。2011 年秋，他推出自己的防弹背心品牌。2006 年，他成立"蛙人概念公司"，这是一家励志娱乐公司，主要是借助一系列高品质、鼓舞人心、正能量的内容，把美国海豹突击队的励志培训模式传播给各个年龄层次的人。他的蛙人哲学观源于其 25 年来对人类行为状况的调查和研究，以及美军海豹突击队 70 多年的训练经验、训练规则和精英表现。大卫在人生当中的新角色是帮助各个公司、组织、学校、非营利性机构和个人学习如何应对恐惧、建立自信并在团队中发挥自己的作用。自从开展"蛙人概念"推广以来，大卫·卢瑟福的理念已经受到全世界 400 万人的关注，其中包括 1.4 万多名北美各地的在校学生。他有两个女儿，一个 5 岁，一个 3 岁。

大卫自述

缺乏沟通其实是国内很多公司当前面临的重大难题，尤其是各个人力资源部门。在美国海军海豹突击队，如果你对谁有意见，就直接找到他，告诉他你的想法，并立刻处理解决此事。如果他处理不了此事，你可以找管理链上的更高级别的人。十之有九，争议不会扩大化至战斗序列或你当时所处的战斗小组。而在现实世界的其他地方，人们总是跳出管理链，而且觉得这根本不是事儿。他们甚至根本没有意识到自己在挑战正常组织机构的体制结构，挑战那些给你分配任务的人。他们摒弃正常管理秩序，如果得不到自己想要的东西，要不就放弃工作，要不就把不满诉诸纸端、对簿公堂。

我会帮助公司创建一套更完善、更有效的聘用机制，其中最吓人的一条是：一般年轻员工到 30 ~ 35 岁时，须具备七种不同岗位的任职经历——注意：不是在本行业内做过七种具体的工作，而是在不同的七种岗位工作过。这像是个天文数字！这件事从两个方面告诉我许多人对工作持有肤浅的概念。

1. 很多年轻人没体验过压力，也就从未真正思考过他们的人生目标。

2. 他们不知道怎样应对变化。当工作中遇到麻烦或寸步难行时，他们只会放弃。

就拿我的小公司来说吧，上个月有三个年轻人辞职，原因是挑战大、工作多、速度快，抱怨我拿海豹突击队队员的标准来要求他们。可我觉得他们不是力所不及，是不适应。

我们每次推卸责任，都会给我们的人生造成负面影响。同样，父亲们推卸责任，也会给孩子造成负面影响。**你是不是常听人们说"我不想给孩子那么大的压力"或**

"我想让孩子自己选择"？家长们觉得这是为孩子好，可如果他们不给孩子前进的动力，那孩子的动力在哪里？

　　最近一次，我问 5 岁的女儿："你长大以后想做什么啊？"当然这句话我总问她，每次得到的答案也都不一样，现在她回答想做个养兔子的农民。我回道："哦，好主意，你会是世界上卖兔子卖得最多的农民呢！你可以卖兔子皮、兔子肉，卖……"哦，她白了我一眼，不过没关系。我只是想通过聊天告诉她什么是目标、竞争和责任。这才是最重要的。

为父反思时间

◇　你觉得哪些行为是放弃为父之责？你有没有见过其他人放弃为父之责？你有过放弃为父之责的念头吗？

◇　你的孩子在完成任务时是否帮助或是无意中伤害了他的团队伙伴们？他的团队伙伴们信任他吗？你是通过每天的观察得出的结论吗？

◇　你团队里的每位成员都扮演着什么样的角色，担当着什么样的责任？

◇　你和你团队里的每位成员之间的角色是如何协调、互帮互助的？

第 2 堂课

领袖精神

培养男孩"领袖精神"的关键，

不是让他成为"领导迷"，而是要有担当

正确引导孩子，让孩子选择自己的人生道路

在地球另一端，我刚刚结束了一项为期数周的绝密任务的前期准备工作。此时，我正坐在华盛顿特区杜勒斯国际机场等候。每周，中央情报局会派飞机来，把我们送到一个禁止美国人入境的国家。我们的任务，就是在当地找到各种关系，将设备和武器偷偷运进去，以便美军或者说我们的后续军队可以使用这些武器和设备，展开各种活动或者逃离。

为了执行这项特殊任务，我已经掌握了一些要领：如何在被恐怖分子抓到后生存下来，如何避免下半辈子都在敌人

的监狱里遭受折磨。另外，我也掌握了一些复杂的技巧：如何盯梢，如何潜入敌方阵营，以使我们的三人海豹突击小分队能够得心应手地完成任务。我曾接收过所有核心情报机构的指令，在这些机构中，有一些是我知道的，有一些是我从来没听说过的。而此时，我就是要执行他们所安排的任务。

执行此类任务的是 AFO（突击队），会被派往未被美军占领或者禁止美军或其盟军进入的区域执行秘密任务，在主力部队进入作战现场之前做好先期准备。进入 AFO 需要经过特殊的筛选，对于我来说，成为海豹突击队队员是最高的荣誉。

这天，我坐在机场，内心正与再次离家的负疚感做斗争的时候，突然意识到，作为一个父亲，我正需要像海豹突击队队员一样，去独自执行任务，扫清障碍。作为父亲，我们所扮演的主要角色就是先于家人为重大的人生目标——健康、幸福，实现愿望、帮助他人——探明道路、做出规划。当今时代，知识爆炸、技术飞跃，父亲的角色更加难以扮演了。**作为父亲，必须勇往直前，为家人探明正确的道路，扫清前方的障碍，对"战场"进行清理侦察。然后回到家人的身边，带领他们顺利通过"战场"，之后又离开家人，去前方探路。**

"当有人问起我爸爸是什么样的人时，我感觉很难回答，因为爸爸既有内在的一面，又有外在的一面。一方面，父亲是一位勇敢的斗士，在幽暗的夜晚，从飞机上跳下去执行任务；另一方面，他又总是尽力抽出时间，作为慈父，陪伴在我们身边，给我们带来欢乐。我知道，有时候他也为工作时间过长、不能陪伴我们而感到愧疚。然而，每个人都必须去工作，当他不能陪伴我们时，我们明白他也是为了给我们更好的生活才去工作的。"

——杰森·戴维斯

"这么多年下来，我们已经意识到能够在**正确的方向上引导孩子。但究竟要走什么样的人生道路，要靠孩子们自己去选择。在教育孩子时，我们会以身作则，身教胜于言教。**埃里克在海豹突击队所学到的技能很多来自教官的示范性动作。教官可以按训练教程要求学员做出每一个动作，他们完成了海豹突击队的资格训练，在许多方面取得了成功，得到的不仅仅是金钱的回报。他们获得了自己的海豹突击队队员的三叉戟徽章，并且正在教授其他人如何获得这一徽章。埃里克也是这样去做家长的，在孩子面前以身作则，这是他教导孩子的准则。"

——贝利莎·戴维斯

不断提升自己，成为孩子学习的榜样

从儿时起，我就下定决心，要成为像父亲一样的人——一个受人敬仰、在危难时可以依靠的人。他曾在海军服役，是我们教区的主教和圣马特奥市司法局的司法长官。他身材魁梧，身高一米九，黑黑的头发，橄榄色的皮肤。在我 17 岁时，只有一个愿望，像他一样成为司法长官。尽管那时我的年龄还太小，不能参加司法培训，但我已经迫不及待了，于是我进了军队。

1990 年，我来到征兵处，得知颇具传奇色彩的海豹突击队正在招兵，我可以做医护兵，于是我马上报名参加了预备役，因为那时我只有 17 岁，心想医学知识能让我成为更好的司法长官。然而，当我得知部队的各种训练项目时，我懵了：那些训练项目和各种选项简直太多了。

在我报名参军后不久，影片《海豹突击队》开始放映。是的，就是由比尔·帕克斯顿主演的那部，我才知道有一个特种部队是要执行海洋作战任务的。作为冲浪爱好者，我觉得应该参加这个兵种。于是我来到海军征兵处，那里的人向我介绍了杰伊，后来我们成了好朋友，还给我播放了一段介绍海豹突击队的短片。短片播放的内容太刺激了，杰伊看后忍不住喊道："这太疯狂了！"没错，此时，我意识到成为海豹突击队队员是我能力所及的最难的事情，于是下决心一定要做到。我们一起去了征兵处，取消了原来的签约，随后加入海军。杰伊一直没能通过海豹突击队的训练。几年后，他退出海军，参加了陆军。他干得不错，升为准尉，他是天生的领导者。

最后，我的内心深处坚定不移地确立了三个目标，成为海豹突击队队员、狙击手和排头兵。而实现这一切梦想的关键就是进行高强度训练，为一切做好准备。也许那时我还太年轻、太缺乏经验，当时并没有意识到这一点。但现在我很清楚，只有这样，我才能够走在突击队的最前列，带领队伍向前，像我的父亲一样，在前进途中扫除障碍，为完成任务开辟道路。

一说到狙击手，人们总以为狙击手首先应具备的是远距离射中目标的能力。而实际上，这不是最重要的。**在开始执行任务，或进行射击和袭击目标之前，必须有人首先到达预定的点，而这个人就是狙击手。**他必须经过残酷的训练，掌握伪装、隐蔽、移动的技巧，并运用这些技巧深入到似乎根本不可能到达的位置，侦察敌情，汇报情况。狙击手必须进行细致的侦察，以更好地利用地形，找出最佳作战位置。只有做到这一点，他们才算真正完成了全面侦察、引领和保护战斗小组、深入敌阵、袭击目标的作战任务。

成为狙击手并非成为排头兵的先决条件，但它绝对是有利条件，因为这两种角色非常相似。排头兵是海豹突击队的成员，无论是徒步行进、攀爬翻越还是匍匐前行，他都要在队伍的最前列，其任务是计划好来往与袭击目标的路线。作为一名排头兵，其首要任务就是开辟新路径，虽然有时会走错方向。观察前方敌情，以带领队伍其他成员安全地穿越危险地段，接近目标，并和他们一起完成任务。

所谓"排头"，就是小分队中走在最前面的人，如同长矛的

"矛尖"，需要高度警觉，丝毫不得懈怠。由于海豹突击队通常会在极为艰苦而又极不熟悉的环境中作战，因此排头兵也成为最易暴露、最危险的士兵。一旦遇到危险，在队友未能给予任何帮助的情况下，他很可能短时间内需要单独面对。

同样，在家庭中，扮演排头兵的角色意味着你需要走在家人前面，暂时离开他们。你需要离开并不是在家庭中缺位，而是要成为一位儿子所需要的、洞悉一切、仁爱慈祥的父亲。如果你不能引领家人向前，无法成为子女的榜样，也就无法为其指明前进的道路。因此，你必须成为这样的人，否则一切将事与愿违。

我发现要做到这一点很难，但相信我，我做到了。作为一名海豹突击队队员，我要经常离开孩子，有时一年中长达九个月都不在家，因而我内心很挣扎。我不能参加儿子童子军的活动或者其他类似的活动。我常常为离家而苦恼，但也许这正是需要付出的代价。

在我们的术语中，有一个概念叫作"找寻位置，接近目标"，也就是说为了获得另一个国家的作战计划，需要一位已经安插在敌方、熟悉并能够得到作战计划的人。我们的儿子也需要人生的"作战计划"，而我们是已经"安插好的"谍报人员，熟悉有关的战略战术。孩子们需要我们成为他们的谍报人员，因而我们必须知道成功的秘籍。**也许你 24 小时都陪伴在儿子左右，但如果你没有成功的经验，无法教授孩子如何取得成功，那也就等于你不在他们的身旁。相反，也许你数月都没有陪伴**

在儿子左右，但你足以成为孩子们学习的榜样，而他们又可以了解到这一切，通过电话、电子邮件或者视频聊天，那同样会起到很好的作用。

多陪男孩一起运动和冒险

　　许多父亲非常勇敢地承担起养家的重任，却牺牲了许多与儿子相处的时间。这样做是得不偿失的，会影响他们的健康和幸福，并最终在生活中出局。假如无人约束，人们就会转而在毒品、酒精或其他不良嗜好中寻求快乐，来代替对于各种活动的需求。这是一个深刻的教训，我总是不断地告诫周围的人切勿如此，因为我就是一个没事干就郁闷得要死的人。男人生来就是要去打猎或者参加搏斗的。当然，在现代社会已无须如此，因此我们以体育运动或者冒险活动来满足这一需求。（关于这点，会在第 9 堂课详谈。）为了在地球上生存，我们和男孩子一起去打猎，同时又要避免被别的动物捕杀。只是边看电视边喝啤酒是无法达到目的的。

　　生活中很少有放荡不羁的纨绔子弟希望孩子也成为他那样的人。很多人（包括我自己）喜欢躲进家庭生活的小圈子里，因为他们总为自己所做的事情感到愧疚，或者更糟，把与家人相处当作不去外面的世界大展宏图的借口。当然，在养育儿子的阶段，多待在家里很重要。然而，这并非最终目标。你在哪里并不等于你就是谁，因为有时尽管你的愿望良好，但当你的儿子最需要你时，你却不在他的身边。

不要让男孩成为断了线的风筝

一天清晨，在我 16 岁生日前不久，我从房间楼梯上走下来时，发现爸爸妈妈正站在餐厅里，似乎在等我。妈妈向我解释说爸爸病了，需要住院治疗。当我把目光转向爸爸时，他却大哭起来。

"我感觉很不好。"他哽咽着说道。爸爸和抑郁症搏斗了多年，而我却一直蒙在鼓里。"我必须离开，好让自己的病好起来。"

自那天之后，一切都发生了改变。爸爸不可能一直陪伴在我左右了，我们也不再去教堂，也不再定期花时间在一起。妈妈，做主教妻子多年，最终放弃了宗教信仰，改变了多年的生活方式。到她 75 岁时，她像一个卡车司机一样爆粗口，和我小时候的她大不相同，但是她对我的爱和支持从来没有改变过。

在 16 岁这样的年纪，我还太小，不能没有父亲的呵护；但我也长大了，知道自己仍需要父亲，这促使我一生不断追求，提升自我。我努力学习心理学，学习表演和所有对我有帮助的科目。我在内心深处疯狂地追寻着一位精神导师。父亲走后，我失去了唯一的榜样，也有一点迷失自我，就像断了线的风筝，飘忽不定。

我失去了生活的目标，迷惑彷徨。在我父亲生病的那年夏天，我和我的小伙伴们一起到加利福尼亚州圣克莱门特市的圣奥诺弗雷州立海滩去冲浪。我们坐着一辆破旧的雪佛兰厢式货车，车上装满了冲浪板，把音响开得大大的，低音炮一响，足以把厢式货车震散架。周围露营的人们肯定被我们吓傻了，因为我们一天数次上演《开放的美国学府》中，从烟气腾腾的车厢里跳出来的桥段。此行的最后一天，我们在位于锡尔比奇市的祖母家住了一晚，她的房子在5号公路北面，离那里有不到30分钟的路程。而这一次停留，改变了我的一生。

"给我讲讲祖父的事儿。"那晚我对她说。跟爸爸一样，祖父也是我最喜欢的人之一。他在我9岁或者10岁的时候就去世了。

于是祖母开始给我讲了不起的祖父的故事。他跟爸爸一样，也是地方司法长官，曾在海军服役，并作为文员在FBI（美国联邦调查局）工作过，他的上司是约翰·埃德加·胡佛。我记得在她填写家庭履历表时，我的内心感觉很踏实。这正是在爸爸病情加重、我们相处的时间越来越少时，我一直极力寻找的一种归属感。我意识到虽然和爸爸的相处方式已经改变，但我们的关系中所蕴含的是一种道义上的责任，而非法律上的义务。尽管在我近半生的时间里，他一直处于病中，然而他却一直为我指引着方向——不是通过不断地教导或陪伴在我身边，而是尽最大努力，以身作则。正是因为这一点，我才走进了陆军和海军的征兵处，才选择了长期的服役生涯。

让自己成为孩子渴望追随的人

海豹突击队教官的 T 恤衫是蓝色和金色搭配的。在左胸前用一英寸 (2.54cm) 方方正正的字体印着"水下突击队 / 海豹突击队教官"的字样。水下突击队就是今天海豹突击队的前身。当一位教官出现在一群崇拜海豹突击队的队员面前时，他会立刻赢得人们的尊敬和信任。我们希望自己的孩子也会这样看自己。我们希望在孩子们的眼中，我们是一群他们希望努力赶上的人。

然而，如果成为海豹突击队教官仅仅是穿上蓝金色的 T 恤衫这么简单的话，我现在就不会写这本书了。我会把 T 恤衫一穿，就万事大吉了。穿上海豹突击队教官的 T 恤衫不是我的追求，我要追随的是那些穿 T 恤衫的人；正是因为他们穿着这 T 恤衫，我才要追随他们。这些人都是有血有肉的，我渴望成为像他们一样的人。

陪孩子一起玩，获得他们的尊重

和爸爸在一起的日子里，我的心中对他产生了一种崇敬感，这种崇敬感将伴随我的一生。因此，我知道，我也应该让自己在孩子的心目中产生同样的感觉。当孩子还小时，这很容易做到。在一个 3 岁孩子的眼中，连你擦屁股和系鞋带的姿势都会深深印在他们的脑子里。问题是，等孩子到了 13 岁的年龄，当他更多地和自己的朋友在一起，更多地受到外界的影响，并和你对孩子的影响形成竞争时，再让他保持对你的尊敬就并非易事了。

当我和孩子在一起时，我总会做一些自己非常擅长的极限活动，这很重要。这样，我便可以达到两个目的。

1. 可以使孩子脱离"舒适区"，感到不安。这样当任务很难完成时，他们就会向你看齐，而且形成习惯。赢得孩子的钦佩、尊敬和信任最好的地方是在水里。我喜欢水，我的孩子知道我作为海豹突击队队员的历史，了解我在水中完成的各项任务，没有什么地方比水里更具有挑战性了。我让孩子们挂着很重的壶铃在水下往返，在不致昏厥的前提下，尽量拉长时间，而浮上水面呼吸时，只能吸一口气；或者捆绑手脚练习水下逃生，我真的这么干过。在泰勒和杰森十多岁的时候，我在他们腰上缠上沙袋，让其在泳池中往返——同样，每次浮出水面时只能吸一口气。很快，当他们的身体承受压力、渴望呼吸的时候，他们便会把目光转向我。他们知道，在不断奋力向前时，我是他们安全的保障。（还记得那条橡胶皮带吗？）

　　"我们训练时，一想起是爸爸做过的，就会无比兴奋，我就会更加卖力。当训练强度加大，当然，很快就加大了，我们每次超过极限就会特别高兴。因为我知道，只要稍有懈怠，就会被爸爸甩出好远。我也明白爸爸对于给我们施加太大的压力而担心，但现在反过来看，我真希望自己当时做得更努力些。我的朋友中没人能在水中这么笃定自信。有时我的朋友因为海上浪大不敢下水，而我却总是张开双臂跳入激浪中。有时，当大浪袭来时，我还帮助过被困的人们。我也曾被大浪卷入海底，但我从未慌张过，而是非常镇定，因为我了解自己的极限。"

——杰森·戴维斯

2. 我也想稍稍炫耀一下自己的技巧，做一个在孩子们生活中最有趣的人。作为一个年轻的爸爸，我会花很多时间和孩子们在水中嬉戏，鱼打挺、深潜、水下骑肩，随你说什么动作吧。一次，在进行烧烤派对时，我在泳池中游泳，女儿抓住我的耳朵，把我的脸拉到她眼前，这样我们就眼对眼了。她说："为什么其他人的爸爸不在水里？"我抬头张望，发现她说得没错。他们都坐在那里，很可能经过漫长的一天的工作，已经身体困乏，懒得动弹，也或者他们不喜欢水。不管是什么原因，我的孩子注意到这点。我敢说，他们的孩子肯定也看到了这点。

这很可笑，很荒唐。有多少父母总是极力让自己的孩子忽视自己，或者让孩子们和他们的朋友一块玩儿。**我看到许多父**

母常给孩子们开玩伴聚会，用这种办法打发孩子的时间，让他们从中获得快乐。但这样一来，其他人、所有人，都成为比自己的父母更有趣的人。有些家长甚至逼迫他们的孩子去跟别的孩子建立毫无益处甚至带来伤害的玩伴关系，仅仅因为他们自己想和这些孩子的家长在一起聚会。也难怪，孩子们会很快对自己的父母失去兴趣甚至尊重。那是因为家长首先对自己的孩子失去了兴趣与尊重。

你要比你的孩子懂得多：活到老，学到老

为了在人生的道路上引领孩子，我们必须活到老，学到老。孩子之所以明事理并知道父母的不足之处，一个重要原因就是他们一直在学习、在成长，而多数父母在离开学校后却不再学习、成长。随着时间的推移，孩子比大人懂得更多，因此"我无所不知"的不良情结在十几岁以及成年的孩子心中滋长。譬如，假如父亲不再打猎，那么他会打猎的儿子就不会再听他讲有关如何打猎的事情，这只是一个时间问题。他的儿子认为父亲已不再有资格传授经验给他，父亲年岁越大，越发深切地感受到这一点，感到失去了孩子的尊敬。假如是孩子自以为比你懂得多，倒也无关紧要；但如果他真比你懂得多，那就不好了。

发挥最大潜能，成为可依靠的人

作为父亲，我深知可以让孩子依靠是很重要的。在他们一生的成长过程中，我会给予他们力量和支持。但直到海豹突击队训练进入第三阶段的时候，我才知道我也在依靠着他们。

我们那时在加利福尼亚州的拉古纳山上进行训练，这座山海拔 1828 米，位于克利夫兰国家森林公园的东侧。我们进行的是野外定向越野训练，我们很享受这种兼具科学性和艺术性的训练。尽管是冬天，且大雪纷飞，但我们只允许带最少的装备，并且随时准备应对特殊情况的发生。雪太大了，我们在极寒的野外徒步行进，夜晚蜷缩在很薄的防雨衣下睡觉。几天后，我们开始进行野外定向越野测试。

在我做海军医护兵时，就曾上过海军基础侦察课程，我也很了解陆地定向越野知识，我并不担心。在训练进行到一半的时候，我想把裹在脚上防止被雪水浸得湿透的塑料袋换一下。（尽管海豹突击队拥有最好的装备，然而训练中的队员只能配备普通的军事装备。）当我摘下塑料袋时，我把左脚的两个脚趾甲也拉了下来。（就当时的情况来看，我已经算是很幸运了。这不算什么，反正我的脚指头已经冻僵，没有知觉了。直到今天，我的脚指头还是没知觉。）

野外的温度开始急剧下降，而我的体温也在快速下降。我开始发抖。矗立在我面前的是一座挺高的山，所以我爬得很艰难，我希望在爬山的过程中可以暖和起来。然而下山时，我的身体开始不受控制地发抖，一阵催眠似的、很舒服的困倦感向我袭来。直到下了山，我才意识到走错了路。真见鬼！

到了这个时候，我已经浪费了时间，身体脱水，非常困倦，但我还是咬牙尽快原路返回，来到我脚趾甲掉落的地方。我又冷又累，打起精神，查查地图，好消息，原来我并没有走错路。我只是看错了地图。等等，什么？我已经在这山上爬了两次！去了，又回来了，我还要再爬一次。真见鬼！

我简直气晕了，因为脱水和饥饿，我头昏脑涨，但还是再次出发，艰难地爬过这座山，来到正确的道路上。不幸的是，我的大脑和身体已经不听我的使唤。我又冷又晕，跌跌撞撞地往营地走，一次只能走几米远。我刚结束训练课程，只有六周的时间，然而无法通过训练的可怕念头第一次钻进我的脑子里。我开始想我的下一个职业是什么。执法人员？保险销售员？麦当劳的服务员？会是什么？然而我还是尽力保持乐观，我知道第二天要重新进行一次测试，我相信我能通过。一切还没有结束。

"我第一次离婚后，每次去看孩子，总是带他们去买鞋。我用了一年时间才弄明白自己为什么总想让孩子穿最好的鞋。这是因为在我小的时候，每当想要一双范斯鞋或者锐步鞋的时候，爸爸总是刁难妈妈。学校里所有的孩子都有这两个牌子的鞋，而他就是不给我买。我们总是去旧货店或者廉价鞋店去买鞋，给我买的都是破烂，真是糟透了。我记得妈妈会存些钱，给我买双好鞋，我真是高兴极了。我把自己的经历告诉了孩子们，我为什么那么在意他们的鞋，我们说到这些时总是会开怀大笑。我们与父母在一起时的经历，无论好坏，造就了现在的我们。把你所经历的一切、使你之所以为你的经历实实在在地告诉孩子，这很重要。当加布里埃尔和我决定离婚的时候，我们觉得有必要告诉孩子们，于是我们把他们带到一个他们不会太在意的地方来说这事，因为我们不想因为这些坏消息毁了他们对于公园或者令人开心的地方的好印象。大家都坐下来，我们心平气和地告诉了他们一切。我们全家人都哭了，彼此拥抱，这情景让人很难过。（但奇怪的是，也很美。）但我想我们这样做可以赢得孩子的尊敬，因为我们很诚实，因为我们相互依靠，而这种依靠和诚实会从此一直伴随着我们。"

——布兰登·韦伯，前海豹突击队队员

回到营地时，我已经累垮了，筋疲力尽而且脱水。当我在冰冷的雪地里换衬衣的时候，听到海豹突击队训练员叫我的名字，问我究竟发生了什么，自己是否能够通过。

"是。"我说，那时，我的意思是我能行。

然后训练员告诉我第二次测试当天进行，而不是第二天。

"是。"我又说了一遍，意思是：噢，见鬼，我会死掉的。

"检查装备，测试一小时后开始。"训练员说道。

　　我觉得应该汇报一下我的身体状况，因为以我当医护兵时的经验来判断，我遇到麻烦了，但一个"是"字却脱口而出。这个"是"字总是不断地从我的嘴里冒出来，可我心里想的却是：我的身体要完蛋了，我正在发高烧。然而，训练员听到的却是：没问题，我可以测试，一小时后见。

　　这该死的"是"，该死！该死！该死！

　　一些同伴看到我状况很差，于是大家拿出能量最高的东西，我开始狼吞虎咽地吃起来。人人吞下了好多 M&M.s 巧克力、软干酪、冷意大利肉酱面，还喝了好多水，直到撑得再也吃不下为止。如果想通过测试，我必须尽快恢复——或者，至少活下来。

　　当我走出营地时，那种筋疲力尽的感觉几乎同时向我袭来。我真怕无法通过测试的噩梦变成现实。如果这次的测试过不了，我就完蛋了。在海豹突击队的训练中，这是第一个打击，第二个打击是被淘汰！

　　我心里感到很慌乱。一个念头在我的脑海里闪过，放弃测试似乎是目前唯一的选择。然而，此时占据我大脑的是泰勒和杰森。我想象着，如果他们在这里看着我的话，我能否完成；我想象着他们就在雪地的远处看着我。**我不禁自问，你会让他们眼看着你放弃吗？** "不"。

　　"是。"我在心里对自己默默地说道。这次的意思是：我爱我的孩子们。这一刻我记得非常清楚，因为当我一想起泰勒和杰森，面前的森林似乎在退却，它们仿佛重新整队，一排排整齐地竖立在我面前，我的眼前也不再模糊一片。

　　我心一横，勇敢地跨出了第一步。四分之一的路程，二分之一的路程，四分之三的路程。我脑子里想的只有地图和我的孩子（有时也会想起掉了的脚趾甲）。事情真是糟透了，我们队的另一位队员约尔·麦考尔，他也曾当过医护兵，一直紧跟在我后面，尽管这样他可能通不过或者被认定为作弊。最后，他没能通过。

　　走着走着，我渐渐体力不支，栽倒在地。我已经吃掉了我所有的食物，而且已经没有水了。这时，我又在想：孩子们在看着我。

　　"是。"我自言自语道。这次的意思是：真他妈见鬼。

　　我站了起来。

　　我又咬牙走了 10 米远，我的腿实在没力气了，不是抽筋或者冻僵了，而是感觉就要从我的身上掉下来了。

　　"是。"这次没有意思，只不过说一声感觉很好。

　　从医学的角度讲，我再走下去就太危险了，但我看到约尔还一直黏在我身后。是的，我能。我又摔倒了几次，一次是因为腿实在没有了力气，还有一次是我试图将疲惫感击退。

　　当我们接近营地时，约尔和我都知道我们不能一起进入，于是约尔看着我说道："我先跑进去，告诉他们你快不行了。你还好吗？"

　　"是。"这个字最后一次脱口而出。这次的意思是我也不知道。

　　我记得约尔离开了，接下来发生的事情是：我又摔了几个跟头，走进营地，站在雪地里开始脱衣服。是的，这听上去确实很怪异。

　　几个小时后我醒过来时，我的好朋友克里斯·奥斯曼陪在我身边。克里斯一直是一个很坚强的人，说话直率，做事不含糊，是大家的主心骨。可当我清醒些的时候，我发现他好像在哭。

你的意见值得听取吗

　　孩子是很聪明的，如果有人糊弄他们，他们是知道的。我的初中体育老师很胖，身体超重至少 30 千克，他从来不让我们做足球或者棒球之类的运动，因为这对他来说很费力气。他总是说："体育课是为了让大家身体健康，而不是为了玩乐。"他不会满足我们玩球的要求，而总是让我们做一些枯燥的身体锻炼项目，并且喋喋不休地给我们讲一些有关身体如何构成、如何锻炼的事。我们都知道这是因为他懒得组织我们进行比赛，所以我也不想再听他的那些鬼话。我为什么要听他唠叨？对于健身，他又能知道什么？到了高中，我们的体育老师换成了费尔波女士。噢，她身材火辣，体形超棒。这位女士告诉我午饭要吃夹馅面包，晚饭吃墨西哥干酪，我也会这么做。她确实做健身运动，我很敬佩她这一点。

"你这家伙，真见鬼，我以为你要死了！"他大声说道。

我知道，做父亲意味着责任，但直到这次的海豹突击队训练，我才知道我从这责任中汲取了多少力量、支撑和动力。一个人很容易错误地认为履行父亲的职责会耗时费力，但那天如果不是因为孩子，不是因为他们那么信赖和倚重我，把我当作他们的"领头羊""排头兵"的话，我就会躺在冰冷的雪地里，让时光和梦想烟消云散。当然，还有我的身体随风飘逝。这是宝贵的人生经验，它救了我的命。

克里斯·赛杰诺格：
我们对家人、对孩子负有责任

克里斯·赛杰诺格是世界有名的武器使用专家，是精挑细选出来的教练员，负责美国海军海豹突击队的狙击手训练项目。他曾是海豹突击队队员，在军中担任高级狙击手教练员，曾获得特级训练专家证书，也是高级射击技术教练员。为了腾出更多时间和家人在一起，2009 年他从海豹突击队退役，之后开始做平民和执法人员的教练员。他是射击技术新规则的创立者，这项新规则创建了对于武器使用训练的全新的方法。他也是一位畅销书作者，热衷于教授精英阶层富有创意的技术技巧，现在通过网络进行远程教学，已经拥有数千名成员。目前，他和他的妻子以及两个儿子住在圣地亚哥市。

克里斯自述

2008 年，我完成了最后一项任务的部署工作后回到家中。我的大儿子那时 4 岁，已经有两周拒绝吃饭了。每个人都在试图让他吃饭，但他就是不吃。

一天，我问他："嘿，伙计，你干吗不吃饭哪？"

他憋了半天，说道："要是吃饭，我就长大了；要是长大了，我就得当爸爸；要是当了爸爸，我就得离开家。"

我从小在没有爸爸的环境中长大，我不能让孩子也遭遇同样的不幸。第二天，我就递了辞呈，这就是我离开海豹突击队的原因。我很热爱这份工作，热爱它的一切，放弃这份工作实在很难。但是，我对家人、对孩子负有一份责任，我必须确保在正确的道路上引领他们；在人生的道路上，我必须给予他们正能量，这点对我更加重要。

通过依靠孩子，我超越了自己。直到今天，每当遇到困难，想放弃时，我都会想象我的孩子们就站在我的面前，正看着我。这样做，我总能够渡过难关。**作为一个父亲，如果你没有发挥自己最大的潜力，无论作为一个父亲，还是作为一个人，你都无法教会孩子如何过上好生活，也无法带领其他人这么做。**最终，你将会失去他们的尊重，无论你多少次接送他们上学或者陪他们玩电子游戏，都无济于事。

一切都要从你自身开始，那就去行动吧。

为父反思时间

◇ 把你家人不会发现，而你却发现的、或经历的成功经验列
  出清单。

◇ 有哪些品质是你希望在孩子身上看到的，哪些是不愿
  意看到的？

◇ 你自己取得何种成就，可以成为儿子的榜样？

◇ 你希望未来取得何种成就，以便为儿子树立榜样？

◇ 你是那种希望儿子成为的人吗？

◇ 你是儿子生活中最有趣的人吗？为什么是？为什么不是？

◇ 为了给孩子做出榜样，你应对了何种挑战？

◇ 你总在学习新东西从而可以成为别人学习的榜样吗？

◇ 你足够幸福、足够健康能成为儿子的榜样吗？

◇ 如果你肯定能过上好日子，并且你也可以带领你的儿
  子过上好日子，这令你感到高兴还是害怕？为什么？

第3堂课

勇于认错

培养男孩勇于认错的品质，
错了就要承担责任，不为失败找借口

让男孩敢于犯错，敢于改变现状

人们常常以为，海豹突击队队员会自诩"超级英雄"，觉得自己所向披靡、永不犯错且完美无瑕，实则不然。在进入狙击手学校的第一天，第1堂课的第一张幻灯片上，写着希腊诗人阿尔基洛科斯的一句话：**我们达不到自己期望的水准，但要从每次简单的训练中获得新知。**海豹突击队队员有着快速的学习能力，他们之所以成功不是因为天资如何优越，而是每天刻苦训练的结果。

如果没有谦虚的态度，用不了几日便会被狠狠踢出局。作为一名海豹突击队队员，最基本的准则便是保持谦逊，能够承认自己的无知，能够不断寻求更好的解决方法。我们坚信"活到老，学到老"，坚信总会找到更好的办法，坚信"精益求精"之道。

我遇到过很多人，他们都说不愿再庸庸碌碌地生活，他们想改变现状，想取得一定成就。但是，大多数人只是停留在现有的舒适区，鲜有人真正付出行动或有所作为。说比做容易太多！回想一下，是否曾有人跟你说过，他想奋起，想赚大钱，想做好工作，想成为一名好父亲。但他的表现却是言行不一。我身边就有很多这样的活生生的例子。

别人说的（表面意思）	我听到的（暗含意思）
我知道我在干吗	求别人帮助，太没面子
我从来没错过	我只做力所能及的事，从来不会尝试新鲜事物
我也想做好，但是（理由1、理由2）	我想做好，但目前不想改变

海豹突击队队员不怕犯错，愿意被纠正，渴望不断成长、进步。也就是说，队员们需要也期待有一位导师或教练能够做到以下几点：

◎监督自己。

◎时刻提醒自己所处的位置。

◎告诉自己是否达到预期目标，如何才能做得更好。

◎对自己进行评估，检测哪些训练有效，哪些无效。

在枪械训练课上，很多队员会产生认知冲突。因为很多学生已经学过一些持枪技巧，或许他们的爷爷教过他们怎么用枪，他们也敬重自己的爷爷。所以，当我在课上教授新奇的射击方法时，尽管这些方法更科学、更好用，但队员往往产生抵触心理："不，这些方法看上去不对。"他们甚至不愿尝试一下这些新方法。这就是我在培训课上遇到的最大障碍，队员不愿敞开心扉接受新鲜事物。而对于海豹突击队队员来说，很多人可能不理解，他们为何能够欣然接受他人的建议，乐意改变并愿意接受新事物。**任何一个行业、任何一件事情上，都会有经验丰富的专家。不论你是谁，不论你的出身，只要你做得比我好，那行，我愿意洗耳恭听。**

——克里斯·赛杰诺格，前海豹突击队队员

只要用心，你会发现生活中处处有导师。我们身边有大量经验丰富的人：商人、父辈、教师、作家或是受过高等教育的领导。尽管我们能够接触到这些人，但问题是我们无法从其身上学到新知。这是为什么呢？

人们不愿犯错，更不愿改变现状。很多人抱怨现状，只是为了得到片刻的安宁。然而，做出改变，意味着将会产生迥然不同的结果，现有的思考方式和行为习惯都会发生改变。

在部队，你根本没有时间找借口，总会有人在背后监督着你，果断帮你指明方向。如果你的导师或教练足够优秀，你便会迅速成长，直觉思维、作战技巧和应变能力都能得到提升。**纠结于如何不犯错只会阻碍你的进步，要不断探索正确的处事之道。**对海豹突击队队员来说，一旦找到更好的处事方式，他们会毫不犹豫地采用。

> "每天，我都会反思，重新认识自我。我的女儿最近患了牙齿感染，脾气不好。一天，我打算带着全家去看牙医，女儿在房间哭闹，不管我怎么哄劝，她都无动于衷。突然，我大声喊道'希瑟，差不多可以了！'没想到她哭得更加厉害。当时，我认识到为人父母的不易。遇到困难之时，只有保持警惕、谦虚，承认自己的不足，才能寻求其他帮助，并控制自己的怒火，尤其照顾小孩时，更应如此。"
>
> ——戴维·卢瑟福，前海豹突击队队员

避免再次犯错的方法就是承担犯错的后果

对待每件事情，海豹突击队队员就像对待生死问题那般认真。正因如此，一旦有人把事情搞砸了，或是撒谎、自嘲、讽刺他人，队员们会毫不犹豫地指出问题所在。**要想改变孩子的行为，问题不在于做了多少事情，而在于事情对其造成的影响。**我的突击队战友们，大多经历过人生的历练，比如早年丧父。但他们都热爱团队和战友，每当有人犯错的时候，身边总会有人毫不留情地指出来。剃光头发、电击惩罚、被暴揍一顿——

对于那些行为过分的人来说，这些惩罚反而能促使其快速培养责任心。

我在狙击手学校当教练员的时候，有一次，为准备在直升机上的射击训练，约有 20 位队员需要调试机枪，调试期间需要在固定位置练习固定距离的射击。为方便大家练习，教练员汤姆负责设置 300 米的射击距离，可是大家紧张兮兮地练习了四个小时，依旧没能调好机枪。当时天气炎热，每个人的枪好像都出了问题——就像得了传染病一样！其间，多位教练员询问汤姆靶子设置的距离是否正确，但都得到肯定的回答，这让大家越发感到疑惑不解。

"汤姆，靶子的距离究竟多远？"一位教练员问道。

"说过了啊，300 米。"汤姆回答。

"你用激光测距仪了吗？"另一位教练员追问。

"老兄，我再说一遍，就是 300 米。"

大家准备暂停的时候，长相冷酷且像飞车队员的教练员杰克喊道："天啊，汤姆，快把激光测距仪给我！"（激光测距仪能射出可见光波，然后显示被测距离。）

"你要干吗？"汤姆恼火了。

"快给我！"身材魁梧、体重至少比汤姆重 22.5 公斤的杰克吼道。

用激光测距仪测试后，杰克惊叹道："该死，靶子距离有 400 米！谁搞的？"

汤姆哑口无言。显而易见，他没有核实靶子的距离，甚至压根儿都没看一眼，导致大家花费了更多时间来调试狙击枪的射程。

训练结束后，我们开着军车返回营地，杰克、汤姆和我坐在一辆车上。随后，杰克让汤姆去把训练场的大门关上。汤姆刚跳下车，杰克就开车飞驰而去，把汤姆丢在离营地三千米远的训练场。当时我就想：干得漂亮！杰克可不受窝囊气。

那天晚上，大家在一起喝酒。教官布兰登讥刺了汤姆几句，这让汤姆想起了白天的糗事，导致他的内心十分不快。（海豹突击队队员善于讥讽别人。）

于是汤姆叫道："该死，布兰登！"并朝我们扔了一块黄油。

布兰登脸色一沉："汤姆，把黄油捡起来。"

汤姆嚷道："滚蛋！"

对于汤姆这样的认错态度，我和布兰登感到失望，于是决定惩罚他。

酒后散去，等汤姆回到寝室，我们指使几个队员把他抓出来，糊上嘴巴。学生们有点胆怯，但因为毕竟我们是狙击手教官，最后他们还是照做了。

汤姆打算反抗，但我们用厚厚的胶带（像牛皮胶布）把他的脑袋缠了起来，就像戴了一顶"幸福草帽"（就是胶带粘住头发的那种样子）。汤姆打算逃跑，他一边冲往大厅，一边撕扯那些胶带。但我们再次把他按住，把他的双手缠成了"龙虾爪"。缠好了"幸福草帽"和"龙虾爪"，我们就放手了。大概过了一小时，汤姆才把身上的胶带全部扯下来。

我和布兰登都觉得，这件事到此为止：犯错之人得到了应有的惩罚，这件事就该翻过去了。没想到自负、自傲的汤姆还想反抗，他反身扑过来，准备往布兰登的脸上挥拳。布兰登没有躲闪，冷静地说道："还要来吗？"话刚落音，汤姆似乎认识到了自己的错误，马上收起拳头，怏怏地转身走了。这件事就此结束。

团队合作不易，总有人会把事情搞砸。尤其是遇到那种把自身生死交给队友的事情，你只能相信别人。**汤姆犯错了，这不可耻，可耻的是明明存在问题，可他却极力否认。**他无法接受自己犯错的事实。大家都怀疑靶心的距离有问题，这时汤姆应该说："哦，天，伙计们，可能是我弄错了，我再测一下距离吧。"当他意识到自己失职，他应该真诚地告诉大家："抱歉，各位，浪费了大家这么多时间，我下次不会再犯同样的错误了。今晚我请大家喝啤酒吧。"如果汤姆这样说，大家也不会在意。然而，一旦你犯了错误，还极力推卸责任，周围的人就会怒火中烧："错了还嘴硬。"这样的话，犯错的你会被欺凌、被暴揍，而揍你的人不是因为恨你，而是因为真的关心你，他们想让犯错的你吸取经验教训：可以犯错，但一定要考虑群体，虚心认错；如果你始终执迷不悟，队友连杀了你的心都有。

这并不是说，可以对犯错的孩子拳打脚踢。海豹突击队队员都受过专业训练，我们能把握惩罚的力度，"龙虾爪""幸福帽"听上去较极端，但这些惩罚对队员来说并不严重。我们都学过一些对待囚犯的方法，所以我们清楚地知道如何在保证安全的前提下教训他人。如果下一次你的孩子犯了错还死不认错，你没必要把他剃成光头或是往他的小鸡鸡上涂辣椒酱。你要做的，就是指出他的错误，然后让他"自食其果"。对于我的孩子杰森，有时候我只要当面指出他的错误，他就知道悔过并加以改正。

打破常规

海豹突击队队员有这样一句口头禅："没作弊就是没努力。"在作战中，尤其是在非常规军事行动中，队员要打破常规，不能以传统思维判断是非，必须打破常规才能有所突破。学会特立独行——不能随波逐流。

教会男孩犯错后要学会反思，承担责任

几年前的一天，妻子贝利莎打电话给我，说儿子杰森不愿意做作业。作为继母，贝利莎小心翼翼地对待杰森，照顾他的日常起居，告诉他不做作业就不能玩游戏，也不能出去玩儿，最终这件事演变成了"等你爸爸回来再解决问题"。杰森是个诚实的孩子，很少拒绝别人的劝告，因为我从小就教育他要学会包容。

那天我回到家里，杰森正坐在楼梯上，一言不发，好似无声的抗议。我记不清他当时说了什么，但他的大概意思是："老师太蠢了，做作业毫无用处，只会浪费时间。"在我看来，他的老师确实愚蠢，他的作业确实没必要做（好几次都是这样）。尽管做作业没有意义，但他必须完成才能拿到学分。这就是游戏规则，杰森必须学会适应。

看到他确实不愿做作业，我说："好吧。去把你的滑板和游戏机拿过来，咱们后院见。"

当时，加利福尼亚州南部已是初冬，气温很低，家里游泳池已经用上了防冻泵。一会儿杰森出来了，并把他的玩具递给我。我做了个深呼吸，看了看贝利莎，她朝我点头示意。于是我把杰森的游戏机扔到泳池里，并用砖头把滑板砸碎。杰森看着我，他似乎突然明白了：尽管做作业毫无意义，但不能完成作业的后果将更难让人忍受。

"把游戏机捞上来吧。"我说。

杰森转身去拿捕捞网。

"你想干吗？"我问道。

"捞游戏机啊。"

"不，你得自己跳下去捞。"

孩子的教育要从小抓起，教会他们勇于承担自己所犯错误导致的后果，因为没有人会为他们承担他们的过失。如果不是这样，他们长大后可能会纠结于对错而忽略事情的结果。他们会编造谎言，来证明自己行为的合理性。**父母们有责任培养孩子自我反思或怀疑权威的能力，不要回避犯错的事实，不必内疚、自责，犯错之后，他们能学到更多有益的经验。**

惩罚孩子的过错，父母务必做到"罪罚相当"。对于不同过错，选择力度不同的惩罚措施，过失较大可严厉处罚，较小的过错则可轻度惩罚。但对我来说，惩罚是以结果为导向，不必判断处罚是否公平公正。我有一套自己的准则：

◎安全。惩罚的后果一定是安全的。

◎自信。惩罚也是为了培养孩子的自信，而不是打击他。

◎父子关系。惩罚之后不会影响父子关系。

◎成效。惩罚之后，孩子们会有所改变，不再犯同样的错误。

对于很多家长来说，把孩子的游戏机扔到泳池里，再呵责他去捡回来，这种惩罚就像虐待，会打击孩子的自尊心，会让孩子怀恨在心。但是杰森从小和我一起玩水，对于他来说，跳进冷水泳池中并不过分，不会影响我们的关系；更重要的是，尽管他还是认为"老师太蠢了，做作业毫无用处，只会浪费时间"，但他最终接受了"必须做作业"的现实。

父母要勇于坦白自己的过错

在第 2 堂课里已经提到过，想要孩子成为怎样的人，父母首先要成为榜样。因此，**指出孩子错误的最好方法就是：父母勇于坦白自己的过错**。比如，那年夏天，我带着儿子在加利福尼亚南部的海滩练习自由潜水。那天天朗气清，海水清澈见底，很多潜水员使用的是标准的漂浮器，但我带了自己的压缩型器具——就像一个黑色小包，可直接挂在潜水绳上，像降落伞一样，上面也有剥离绳。那天，我们下潜到约 500 米的深水区，我把压缩漂浮器给了杰森，以便紧急情况下他可以拉开剥离绳，这样里面的二氧化碳就会充满皮袋，直接将他带出水面。潜水前，我解释了漂浮器的工作原理，并告诉他身体承受不住的时候可以指望它求生。但是，我竟然忘了看一眼漂浮器里是否装了二氧化碳盒。潜水结束后，当我整理器具时，看到漂浮器里并没有二氧化碳盒！

我告诉杰森："抱歉，我搞砸了。我忘了检查漂浮器，刚才你很有可能失去生命。"

儿子看着我，说为什么要责怪自己。

"孩子，因为我犯了错，犯错就要吸取一些教训。你看到了，有时候我也会搞砸，但'吃一堑长一智'——关乎生命的时候，务必核实一下自己的责任，也顺便核实一下其他人的。"

每一位海豹突击队队员都有这种责任心，我想把这种责任心教给我的孩子们。**如果总是掩盖错误，终究会失信于人。**作为男人，犯错了，更不能藏着掖着，这样做孩子们会看在眼里，他们会为"保持正确"而回避现实。**父母不愿承认自己的过错，导致孩子也不愿相信父母。**

我今年已经 43 岁了，但当妻子贝利莎做错了家务事或是对待孩子们的方式不对时，我仍然有责备她的冲动。我这个人最大的缺点就是：当自己把事情搞砸了，却责怪最爱你的那个人，直到最后才发现其实是自己的错误。贝利莎总有办法叫我起床，帮我搭配衣服，这一点我习以为常。作为一个男人，如果他前进的方向错了，那他就不能很好地引领整个家庭前进。只有认识到错误并改正之后，才能成为家人真正的榜样。犯错了，搞砸了，承认吧，只有这样你才会成长，其他亲友才会对你产生信赖。

"埃里克最大的优点是，他能够意识到自己搞砸了，或是骂错了人。尽管他常常是事后一两天才反思明白，但随着年龄的增长，他越来越迅速地认识到自己的失误。他敢于承认错误，敢于说'是我错了'，敢于接受惩罚。尽管有时候他会误会并责怪我，但我知道令他恼怒的不是我，他其实是在怪自己没做好。最后，即使不是他的错，他也会承担起全部责任。经营家庭不是他一个人的责任，但他确实做好了"领头羊"的角色，认真对待每一件家事，好像事关生死那般重要。只要怀有这种心态，就很难犯错，作为他的妻子和朋友，我常常是他的第一个参考对象，因为看清别人总比看清自己容易。我知道他为何生气，因为我们小心谨慎地为家人做好每一件事，但生活往往不会按照我们希望的方式发展。所以，尽管他有时候会责备我，但我知道这并不是针对我的。但是，如果他错怪了我，事后也没有道歉，我会拿胶带把他缠住，让他动弹不得，但这样做的时间成本有点大。"

——贝利莎·戴维斯

得到公平，又能怎样？

公平是什么？是一个完全公平对决的竞技场？是完全消除偏见和歧视的理想情形或状态？坦白地说，绝对的公平根本不存在。毫无疑问，这个回答可能会让那些认为公平是一项基本人权的人失望。公平只是一个可以让大众在一定的游戏规则或协议中，坚持诚信，按规则行事的强有力概念。然而，在游戏或合作之外，公平就成了"认为事情应该怎样发展或他人应该怎样做"的个人主观臆想。生活本就没有绝对的公平，如果不能接受这个现实，那么大量不公的事实会毁了我们。

在海豹突击队的训练中，如果你的队友拉低了平均值，你必须为此负责。尤其是当游泳搭档在训练中疲惫不堪，为此负责，你会感到不公。记得有一次，我和搭档必须完成三千米的计时游泳训练，我跃跃欲试，率先跳到海里。我的搭档没法追上我，我只好抓着他，拉着他一起往前游。对于海豹突击队来说，丢下搭档你就得立马出局。作为新手，你可能不适应这条规则，觉得搭档总在拉你后腿，但慢慢你就会了解到，尽管有时会有遗憾，但这样做双方都能成长。

因为游泳搭档在竭力追上我，无论如何，我们两个要百分百努力地完成训练。即使是我付出 99% 的努力，搭档付出 1% 的努力，或者情况相反，这都无所谓。最终，我和搭档要一起到达终点。如果你对教官解释：因为搭档掉队，所以你输了；这样你就完了。我亲眼看到一位战友被孤立后，再被群体唾弃，直到最后被剔除出局。

善于获得他人的帮助

在当下社会，我们认为可以实现"自助、自足"，实际上，从某种程度上说，我们所做的每一件事都是他人帮

助的结果。退伍后，我有幸跟随两位优秀的老师学习深造，分别是托比·赤赤克特和格雷·沙尔纳格尔，两位老师都来自 Aji 通信集团，并告诉我这世上存在三类人：

◎自负之人。他们傲慢自大，认为不需要他人帮助，由此导致失败。

◎冷漠之人。他们认为是否需要别人的帮助，自己可以选择。

◎谦虚之人。他们认为自身能力不够，时刻需要他人的帮助。这类人才是最终的赢家。

所以，当孩子们问我数学题或者其他我不会的问题时，我会指导他们如何自己寻找答案。比如，我会告诉他们如何上网搜索，或者如何咨询、如何联系到有用的人。因为，从理论上看，我们可以完成一切任务。但实际上，我们并非全能，需要善于取得他人的帮助。正如两位老师教会我的：不一定所有事情都要亲力亲为，也可以借他人之手完成任务，只要能实现最终目标。

有时为了提高体能训练的效率，教官会派人准备小汽艇，里面装满冷水。如果有队员拖后腿，就会罚他待在汽艇里，这样也不用看着他浪费大伙的时间（这样做确实有效）。第一阶段训练会持续几周时间，称作"前魔鬼训练周"。训练前一天，教官会安排一个人准备两艘汽艇，但第二天训练前，所有人惊讶地发现：没人准备惩罚用的汽艇，肯定是谁失职了。

"汽艇呢？"教官塞缪尔问道。

大伙一脸茫然。

"我让谁准备来着？"教官追问。

一片死寂。

"昨天我就站在这儿，亲口说了，让谁提前准备好汽艇。是谁？"

"报告！"此时，我身后轻声传来一句，"是我，真该死，我竟然忘了。"

"俯卧撑！"教官命令道，"开始，一、二、三……"

这位队友二话不说，做起了俯卧撑。最糟糕的情况莫过于这位战友对失职的事实沉默不语，因为我们都知道，发出的命令被公然无视，教官对此肯定十分愤怒。最好的情况往往是，犯错之人一人站到海里，任凭海浪击打。但此刻，这位战友已经吓傻了，不知道该如何应对。这种情况下，只能听从教官指令。

当晚，为了以儆效尤，教官们为全体队员安排了一次特殊的补救训练。这就是为什么白天的时候没有其他惩罚——塞缪尔教官打算等其他教官到齐，一同惩罚犯错的队员。显然，教官们还没想好具体做法，补救训练就开始了。

当天训练了很久，所有队员（包括之前请假的战友）都参与进来。每一项训练，所有人都高度紧张，生怕再次犯错。我们小组的战友都很出色，所以我并没有过分紧张。当天训练快要结束之时，我们组恰好经过塞缪尔教官身旁，他突然喊道："嘿，你们看上去就像一群发情的猴子！今晚的附加训练，你们全部参加！"我们齐声喊道："是！"然后一边训练一边想着：天啊，晚上又得冲浪了！但我们错了，当晚的训练出人意料。

　　先是用独轮手推车搬运沙子，然后是俯卧撑、弓步压腿、高抬腿——跳起、深蹲、高抬腿、站军姿、深蹲起跳……魔鬼训练一直持续了好几个钟头。我们真的变成了发情的猴子——蹲下后双手握住脚踝，一次次地跳起、落地——到最后，双腿麻木了，大家几乎都无法站立。弓步压腿、深蹲起跳、过肩摔、短跑冲刺——训练没完没了。我心想：老天，我们明天还有训练！当晚的附加训练强度过大，最后，我的双腿知觉全无。

　　我记得，当晚进行冲刺训练时，一位战友穿着短裤和人字拖，悠闲地从我身旁走过。他刚吃完第二顿晚饭，通常，傍晚时分，我们会以班级为单位到餐厅就餐。由于白天训练强度较大，所以晚上需要加餐，可气的是，这位战友在冲着我笑。当时我心想：伙计，这也太不公平了吧！同样在海豹突击队，同样的训练，而且这位仁兄——身材肥胖、目光呆滞，我经过的时候还冲我傻笑。毫无疑问，当晚我不会去加餐：我无法接受他剩下的残羹，一切都令人恶心。

　　第二天，队员们的双腿几乎不听使唤了，走起路来，摇摇晃晃。很多人根本无法迈开步伐，更别提完成当日的训练任务。几位教官不知道昨晚发生了什么，还以为队友们都变成了提不起来的沙包。

　　"戴维斯，为什么跟不上队伍？"

　　此时，你根本无法解释原因，任何解释都会被看成借口，而且还是缺乏责任感的表现。"是！"我脸上挤出微笑，内心独白是："因为我昨晚累瘫了，所以今天跟不上，但我不抱怨。"

尽管存在不公平、不公正，最终我还是学会了接受所有的训练规则。我掉队的唯一原因就是我不够坚强。仅此而已。

我知道，第二天训练，很多队友"弃权"的原因就是他们觉得不公平。有时候，被虐的理由就是"莫须有"的，但并非所有人都觉得不公。弃权的那些人只是无法接受事实。没错，不公平的感觉很不好，但只有接受不公才能真正成为海豹突击队的一员。

那天训练，我们一个个跑过教官的身边。我们本可以换一种其他的跑步方式，但偏偏这样跑。这就是见机行事。我们的跑步规则从之前的"只要别搞砸就万事大吉"转变成"让陪跑教官不爽，你就完蛋了"。团队就像一家人，你不必关心谁犯错了，跟上队伍，融入其中就够了。就像第 1 堂课提到的，谁都会成为核心人物。在这个游戏规则里，**解决问题的方式不是甘愿挨骂、自怨自艾或是抱怨不公，而是集中精力考虑结果，并完成任务。**

如今的全新一代，理所当然地要求每一件事情都要公平、公正。我也见过很多社团组织，为这些年轻人呼吁"公平"的环境。结果肯定是失败，因为生活本身就是不公平的。我们的竞争对手和敌人才不关心什么是公平，他们只关心对自身有利的一面。等这些年轻人看到，很多人甘愿加班加点完成工作，即使没有时间吃饭也乐此不疲。这时，年轻人会形成强烈的心理反差。当外来工人抢了他们的饭碗，这公平吗？当然不公平，但这对企业家和消费者来说则是一大利好。

父亲们啊，**我们的孩子必将经历一些不公平、不公正的事情，或是遭受疾病困苦的磨炼。**他们要学会与以主观打分的老师们共处，学会接受不公平的成绩，学会接受学校选举败选、才艺比赛遭淘汰、朋友背叛、约会失利、应聘工作失败等种种不公平、不公正。如果小时候的你觉得这个世界不公平，那等到长大以后，等你初为人父，你会遇到更多不公平。**我们的孩子需要准备着时刻应对，作为父母的我们也一样，要时刻准备应对不公平事件的发生。**

"父亲教给我最重要的东西，不是知识本身，而是获取知识的方法。最受启发的一课就是教会我什么时候该发问，这成为我思考事情的重要方式。我父亲是一名律师，所以他的建议是：跟任何人谈话，假设自己是错的，对方是正确的；然后，通过对话，通过不断发问来证明自己和对方究竟谁对谁错。如果对方正确，那我就得到了一种新观点。方法很简单，就是在对话过程中，至少问两次'为什么'和一次'怎么做'。只有这样你才能体会到发问和思考带来的益处，因为很多人就是不知道为什么和怎么做。他们不理解为什么要发问，他们觉得：有人告诉我了啊，就得这样做啊。是这样，但是为什么要这样做？如果你不知道原因，你就不应该说'我不知道'，或'不管这些了'；你应该回复'怎么才能找到原因''我应该问谁'。只要对方比你有经验，你就要这样发问。**作为父母，当孩子问你一百个为什么，不要发怒，鼓励他继续发问，或是指导他如何自己找到答案。"**

——拉瑞·亚奇，前海军陆战队队员

拉瑞·亚奇：你是孩子的一面镜子

拉瑞·亚奇，毕业于美国海军学院，曾于 1998 年至 2008 年担任海豹突击队军官。任职期间获奖无数：海军陆战队 V 字英雄勋章，海豹突击队战略创新成就勋章、反恐远征勋章，以及因东帝汶和斯里兰卡的救援行动获得了人道主义救援奖章。2008 年，拉瑞在执行任务时受了重伤，因此退役疗伤。同年，拉瑞和妻子安妮一起创办了"海豹式思维及防御培训中心"，该中心培训了上千名队员，旨在教授如何识别威胁、规避风险、制止恐吓及自我防御，并提供各种器具、培训课程和激励措施来培养队员的自信心，帮助他们渡过心理难关。随后，拉瑞夫妇开办了"思维优先公司"，主要提供领导培训课程，并为美国青少年提供人身安全培训。最后，他们又成立了"海豹式思维领导人"，旨在为公司和社团组织提供培训服务，介绍非凡的海豹突击队式思维方式、协作结构和团队观念。亚奇有一个两岁的儿子，名叫柯尔特。

拉瑞自述

我们公司的主要培训内容是教人们如何规避风险。可是，有很多大学生的家长，一进门就问："我的孩子要上大学了，他们不知道如何进行自我保护，你们这儿有这方面的培训课程吗？"

"有。"我告诉家长们，"我们提供安全培训课程，而且您可以和孩子们一起参加。"

我经常听到的说法却是:"好吧,可我没时间听课。我只想给孩子们报个班。"

"你知道怎么关心孩子吗?"

"呃,我不确定。"

看,这就是真正的问题所在。

让我疑惑不解的是:父母们希望孩子们获得一种新技能,可是他们自己却毫无兴趣。难道这些家长为了改变孩子的举止,只是把他们送到礼仪课上,然后自己平时在孩子面前就像粗俗大汉一样无动于衷?可能不是这样。家长们很可能在网上找一个礼仪培训视频,然后跟孩子们一起讨论;但成为行为典范可不像纠正吃相这么简单,需要深入日常生活,持之以恒。同样,培养孩子的安全意识也是如此。如果父母不知道如何保护自己,如果父母不知道如何鉴别危险处境,不知道如何规避风险,孩子们怎么可能学会呢?如果父母怀着"事不关己"的心态对待生活,他们只是等着果实成熟后伸手采摘,这样他们的孩子也会脆弱不堪。

我和妻子都无法忍受这种"受害者心态",这种心态在家里行不通。类似于海豹突击队队员遵守的行为准则,我的孩子也有一套行为标准,这是家庭文化的组成部分。柯尔特需要学习自我防卫,学习礼貌待人,而这些就是我和妻子的为人处世之道。

首先要学的是海豹突击队惯用的野外生存技能。身处陌生环境，人们总会细心观察周围的事物。柯尔特会观察父母，看着我们如何评估外部环境：危险、有潜在威胁或是可以完全放松的安全环境。我们会亲自向儿子展示：遇到危险该如何自救；自救流程将会标准化，进而操练：拉开距离、设置障碍，寻找逃生或求助路线（街道），万不得已时再进行反抗；反抗时，要理直气壮，要有战士的气魄：奋战到底，不服输，不认输。

为父反思时间

◇　你认为哪些教育方式、理念毫无意义或者毫无成效？

◇　最近你的一位培训教练是谁？他是否对为人父母的你产生了影响？

◇　请至少举出一例：你使用过的且认为无效的教育方法。对此，你打算做何改变？

◇　你是否因孩子犯错而惩罚过他，但惩罚后却没有效果？

◇　当你自己犯错了，你会公开承认还是会掩盖错误？

◇　你够谦虚吗？你愿意寻求他人的帮助吗？还是，你认为自己能搞定一切，无须他人帮助？

◇　请举一个例子：你是如何教育孩子寻求他人帮助的？

◇　请举一个例子：你是如何引导孩子接受事实本身，如何告诉他现实生活并不是我们主观想象的样子？

第 4 堂课

超越极限

超越极限和抗压锻炼的目的是培养男孩
始终如一的毅力与意志力，激发他们前所未有的潜能

你比自己想象的更强大

在海豹突击队，如果有人在跑步等体能训练中掉队，他就将加入所谓的"打手队"了。教练们会立即召集这群人，他们很疲惫，那时很可能还在干呕。教练们不允许他们休息，而是开始发号施令，增加他们训练的时间和强度。做俯卧撑，冲入寒冷的太平洋，相互背人，往返冲刺，匍匐前进，直到他们呕吐，或者直到教练们感到满意，认为他们吸取了教训。

什么教训呢？

这个教训就是他们比自己想象的强大得多。

海豹突击队队员在打手队里受益匪浅，他们了解到自己的极限和潜力，激发出自身以前未曾觉察到的能力。多数情况下，海豹突击队队员在特训中掉队是由于他们认为自身耐力不足或者速度不够，但是打手队的训练要求更高，让他们意识到自己本可以承受之前的训练，因为他们在打手队接受的训练更加严苛。这是深刻的教训。当一个人意识到自己在长跑中掉队之后，能够立即在沙滩上进行连续一个小时的短跑，这明显意味着他在长跑中没有尽全力。他本可以不掉队，而且还能免掉额外的训练。正是出于这个原因，我们认为在海豹突击队里不掉队易于奋起直追。

是沉没还是遨游？成败全靠自己

在海豹突击队的踩水训练中，一个个子矮小的亚洲孩子透不过气。出于关心，教练们问道："你有问题吗？"孩子承认他被水呛到："有，我不能呼吸，我做不到。"一个教练向他伸出手，说道："来，抓住这个。"直到孩子伸出手抓住那个物体，他才意识到那是一块潜水砖（一种用于水下作业的橡胶制沉重的砖）。他一抓住那块砖，就开始向池底下沉。15秒后，孩子昏迷过去，被看护员急救。我在水下游泳时昏过去两次。要想发掘自己的潜力，有时必须将自己逼到绝境。我确信从那天起，那个亚洲孩子明白了哪里有结束哪里就有开始。不幸的是，对于他来说，海豹突击队的特训太残酷了。

父母是孩子生活中的偏航修正器

对于大多数人而言，保持不掉队是我们每天挣扎着在做的事情，无论是工作、家庭还是健康的生活。和在海豹突击队特训中的掉队情况差不多，我们掉队的时候，生活给我们的压力更大。

◎账单不及时付清，就要缴纳滞纳金，最终付的钱比欠的多。

◎儿子的老师不停地给你电话留言，但是你一直没时间回电话。当你有时间的时候，一切都晚了，你的儿子最终考试不及格。

◎你让女儿人生的前 15 年在匆忙中度过，没有时间交际，当她在感情方面遇到问题时，你想帮助她，她却不需要你的建议了。

扛住压力的唯一方式就是坚持到底。和飞机、船只不同的是，生活中 99% 的时间是偏离航向的。因此，不同于飞行员、船长和领航员，父亲需要随时做出调整。想象你在街上驾驶汽车时，你并非将自己的双手僵硬地放在方向盘上来保持行驶方向，然后听天由命。相反，你会根据汽车的偏向将方向盘轻微地向左转或向右转。作为父母，我们必须对看到的信息做出反应，无论信息来自指南针、速度计、团队成员还是未知的因素。如此，我们才能避免偏离方向。在养育孩子方面，则没有那种类似于在船舰里称为偏航修正器的巡行控制器。你能想象每当航行装置显示船舰偏离方向，领航员或者船长撒手不管吗？船舰将会在原地打转，这是拒绝改变的结果。**作为父母，我们应该坚持将孩子带到正确的方向，重新认识他们的极限，重新评估他们的付出。否则，当孩子偏离方向之后，再去拯救他们将会花费更多的时间和精力。**

认真思考孩子的请求，对孩子多说"好"

父母养成了总是对孩子说"不"的恶习。父母认为他们应该说"不"，因为他们不想把孩子宠坏。但是实际上，他们说"不"的原因通常是太累或者太懒，不愿说"好"。因此，他们想出了一些说"不"的烂理由，比如，"太危险了""太晚了""太远了""我很忙"，诸如此类任何能让他们解决眼前问题的理由。事实上，他们并不想或者没有时间去认真思考孩子的请求。他们不想弄明白正在发生什么。出于这个原因，孩子可能会对总是说"不"的懒父母很失望甚或无礼。孩子们非常清楚根本没有任何理由可以阻止他们去朋友家，或者在外面再待一两个小时。他们的父母也清楚这一点。

实时教导，始终如一

坚持看起来很容易，但是很多父母做不到。他们有一个习惯，将育儿的精力"保存到"他们认为孩子最需要他们的时候用，比如，举止不当、成绩不好、顶嘴、做出糟糕的决定时。**教育孩子没有松懈之时，当出现问题时才插手孩子的生活，将为时已晚，孩子们已经习惯了没有父母介入的生活。**他们会想：这是谁啊，现在在这儿指手画脚干什么？在育儿过程中保持始终如一、实时教导是很重要的。如此一来，当可以苦口婆心、谆谆教导的时刻到来时，我们准备充分，愿意教导孩子；而孩子也准备好，愿意虚心学习。如果我们掉队太远，最终将被归入打手队，要么重修关系，要么在事情变得无法挽回的时候，发现自己已经筋疲力尽。如果不小心谨慎，我们可能将永远失去珍惜的东西。

在训练我的比利时马里努阿犬印地的时候，我意识到自己对孩子的关注不够多，我想到了我可以做且应该做的事情。我放松了对印地的训练，只是偶尔训练一下。如此，我便能将重心放在孩子身上，而我与印地的关系因此受到了影响。一天，我在田野训练它咬的动作，尝试让它做出动作，它却紧张不安，没有做出动作。我开始纠正它的每个动作。而过去，它会根据指令做出动作，没有任何失误。例如，我想让它待在我身边，但是它想冲向一个袖子易被咬住的人。或者，一旦它开咬，我想让它停下来，它就变得很气愤。我能看出它进攻的意向，因为它看向我的眼睛里充满了质疑而不是确定。我们不再是"人狗搭档"，它是一条狗，而我是一个拽住它脖子上皮带的白痴。整个训练完全失败了，因为它继续显示着狗的惊慌。那真是彻底的失败。修复由于没有坚持陪伴它而导致的裂痕花费了我数千美元和大把的时间。

那时，我对印地感到生气、沮丧和失望是错误的，因为它很可能只是想逗我开心，并没有想做别的事。我的意思是，一个青少年可以骗人相信他真的是想变得悲惨，但是狗呢？绝对不可能。我过去没有坚持对狗的训练，导致它变得迷惑。如果不坚持训练，聪明自信的狗最终也会反过来咬你。如果养育得当，它们不会受任何人欺负。我必须确保类似的事情不再发生，我必须坚持对孩子的养育和对狗的训练，像一个忙碌的父亲那样。

在有精力和意愿的时候再要孩子吧，**对孩子的关注如果不能始终如一，会让孩子很困惑。有时我们能容忍某些行为，有时却不能，孩子会将我们视作一种不可预测何时会满足的不稳定的存在，任何按照我们的规则生活的行为只会打击自己，伤害孩子。**我们仅有的做父母的时光就会变成不愉快的经历，这是我们最不想要的结果。因为孩子以后注定会经历很多不愉快的事情。孩子需要我们为之提供一个安全的避风港，与他们的关系始终如一且合理。

帮助孩子消除周围的不利影响

我 12 岁时，在投手投球时，正站在本垒板旁。我能看见球前进的慢动作，正对准我，但是不知什么原因，我一动也不了。砰的一声，球猛击我身体的左侧，刚好打在我的臀部上方。

好教练的准则

教练技术是一项技能，通过练习才能掌握。直到进入军队我才终于有了好教练，并成为这个机构的一员。这个机构经过几百年的发展，为个人成才创造了良好的环境。好教练都是这样的。

◎知人不评人。

◎改变学员行为，帮他们树立信心。

◎把握力度。

◎有序地推动学员沿着同条道路前进。

◎全面地了解学员的生理和心理动态。

◎清楚地表达。

◎好奇胜过确信。

◎不断学习，保持先进。

◎关爱学员，接受学员，成就学员。

◎把指导学员作为改变学员命运的最终责任和机会，

现在开始练习。

　　我的教练是一个年长的易怒的人，什么也没说。下一次轮到我击球的时候，球来了，我拼尽全力才没有在腾空之后摔得一身泥。再来一击，类似的情况又发生了两次。每一次我的教练都会大喊："埃里克，你那是干什么？击球，不要害怕。"我感到很尴尬，感觉每个人都在看着我。

　　在同样的比赛中，我是外野手，球直冲我而来。在我家房子后面的草地上，我练习了无数次，我可以腾空、接球，放在脑后，翻跟斗，但是这次，当球朝我飞过来时，我脑子里全是我试图腾空却没接住球，教练对我发火的样子。于是，我退缩了，在球落在我手里之前任它弹跳。

一局结束，在我回球员休息区的途中，教练走过来对我说："你究竟为什么不腾空接球？现在去休息区，试着别再害怕球了。"这位教练不懂如何在不打击他自信心的情况下，改变一个12岁孩子的行为。在那一个赛季之后，在我几乎连续打了七年的棒球之后，我再也没有碰过棒球。

上高中的时候，我也有过类似的经历。我参加了橄榄球队的选拔，成为近边锋替补队员。这是一件很了不起的事情，因为我之前从未打过橄榄球。在一场关键的比赛中，教练大喊："这局结束，近边锋换人。"我开始戴上我的头盔，他的视线扫过我很快又移开了。"这局结束，近边锋换人。需要一个替补。谁来？"

我感到很绝望。他知道我是近边锋替补，他故意让别人上——除了我之外的任何人。那个赛季之后，我再也没有打过橄榄球。

> "人们经常对我的两个儿子说：'哦，你们也会像你爸爸一样，成为海豹突击队队员吗？'我感觉他们陷入了困境。**我不在乎他们是否会成为海豹突击队队员，我希望他们成为自己想成为的人。作为一个父亲，我对于和我的儿子们打交道的人非常谨慎，**不论他们是橄榄球教练、棒球教练还是老师。**周围的人能让他们成为他们想成为的人，**为他们的学习和成长创造一个有利的环境，这是十分重要的。"
>
> ——布兰登·韦伯，前海豹突击队队员

　　当孩子遭到残忍拒绝时，他们的自信心会受到打击，尤其是当身边没有父亲这样一个角色去为他们挡住负面影响的时候。我还是孩子的时候，我的父亲已经开始和精神疾病做斗争，我16岁时，他的病更加严重了。当回顾我的运动生涯时，我总是在想，如果我的父亲能给我更多的促进作用，在我的选择上能给予更多的指导，那该多好。因为在我的早年，他曾经是一个非常重要的榜样。但是，发生的一切都出乎意料，包括我的职业运动事业。当你没有在前面做孩子的领路人时，与你相比较，包括教练、老师、其他指导者在内的外人和你的孩子一起度过的时间更多，对你的孩子影响更大。你的话应该成为你儿子心中最有分量的。如果你儿子的教练很逊，可能会毁掉本应愉快、有利的经历，你有如下选择。

　　◎通过交谈淡化儿子不愉快的经历，教他如何应对白痴教练；

　　◎通过与教练交谈，改善环境；

　　◎通过成为助理教练，改善环境；

　　◎如果所处的环境不能创造出你追求的结果，将你的儿子从此环境中解救出来。

　　◎要不是我在海豹突击队待过一段时间，无疑我会成为比那个被糟糕的教练摧毁信心的12岁的孩子稍微年老些的人。从那时起，我培养了一种可以接受最差劲的人训练的能力。现在，没有任何人的训练方式能够打击我的自信心。

让孩子高水平学习的四个阶段

学习归根结底就是重复，要想学习效果好、效率高，就必须不断重复。我的孩子们将会是第一个告诉你这句话的："爸爸教我太多东西了，我勉强跟得上。"我常常被他们或他们的妈妈取笑，笑我尝试教给他们太多东西，多到不能承受。但是我所做的都是有目的的。高水平的学习有四个阶段。

学习：学习是收集足够的关于某物的信息，将信息按照特定的顺序加以组织，所得的顺序能够被精确地重复（练习），最终产生理想的结果。学习通常通过精心组织的调查、研究和用心地做笔记获得。学习一门技能失败，通常是因为学习的阶段存在不足。

练习：练习是提取所学，进行重复，直到能连续按需要产生理想的结果。练习和学习一样有益。学习如何使用狙击步枪，包括弹道学、身体姿势、扣扳机及瞄准镜的使用方法。随后，按顺序完美地练习每一个步骤，直到成为默认行为，就可以稳定地击中目标。相同的练习也能被应用到处理人际关系中，与暴徒周旋，或是向人们表达爱意。我们不会受限于默认行为。

体验：体验是一场直播，将所有学习到的和在计划应用的环境中练习过的技能都配置好。体验产生的结果可能会与理想的结果形成对比。体验也能揭示未被注意到的对完成手头特定任务有利或不利的因素，例如没有足够的时间，缺乏条理，或是意识到一个老师不具备我们所需的知识。

　　重复：现在轮到重复。学习，练习，体验，必要重复。

　　许多教学或者辅导所兜售的观念是能够让人做某事，成为一个更好的射击手、跑步者、运动员、学生。明白什么是好的辅导和训练是非常重要的，如此，你便能教导你的儿子，填补你们之间的代沟。作为一个父亲，我一直在仔细观察我孩子们的教练们，与贝利莎和斯泰西紧密协作，确保有人在孩子们的身边，填补代沟，做出指正，以便能修补不合格的教练留下或有时创造的伤痕。我花了几年时间去指导我孩子们的橄榄球队，确保他们了解到好的教练技术是什么样的。结果表明，孩子们是可以训练的，有很强的自信，有助于他们的学习和做出更好的选择，更好地朝着目标前进。

　　"由于我的爸爸是海豹突击队队员，他的育儿方式更轻松，同时又更严格。例如，如果有家庭作业，大多数情况下，我们有选择什么时候做的自由；然而，一旦我们滥用这种自由，事情就糟糕了。或者如果我们必须在规定时间内完成某件事，比如游泳，要是我们没做到，将会重来，直到筋疲力尽，直到达到目标。"

　　　　　　　　　　　　　　　　　　　　——杰森·戴维斯

与孩子并肩前行

我们认为，育儿的成功就是孩子不嗑药，不逃学，不一夜大肚。无疑这些是重要的，但是真正的成功随着时间的推移悄悄地来临，几乎没人注意到，就在你教孩子跨过障碍或通过转动方向舵帮他们驶过某片危险水域时。每次你给孩子们的东西都会改变他们的生活：他们放学后提出的问题的答案，失败后给予的鼓励，尽管你数学很烂，却还尝试着帮他们解决数学难题。**孩子们看到父母努力地保持与他们并肩前行，父母不仅会赢得孩子们的尊敬，还能激励孩子们做同样的事——恪守责任。**我明白生活艰难，人人有事情要忙，但是你的儿子们应该是生活的重中之重。我知道我们会感到很疲惫，但是很可能还有洪荒之力没有施展出来。如果掉队了，深挖自身潜力，全力冲刺，在被赶入"打手队"之前跟上大部队的步伐。

布兰登·韦伯：偷梦想的人

自从 16 岁离家之后，布兰登·韦伯完成了高中学业，加入美国海军成为海豹突击队的一员。他是海豹突击队第三队、海军特种作战一小组的狙击手，在海军特种部队狙击手学校担任西岸狙击手教练，完成了在狙击手学校的最后之旅。在布兰登的职业生涯中，曾多次被派往中东和阿富汗执行任务。2006 年至 2007 年，他以准军事承包商的身份再次前往伊拉克。他多次获得海军服役优异奖章，包括总统团队奖（由乔治·沃克·布什总统亲自颁发），海军及海军陆战队奖章，上面带有"V"字，表示战斗中的英勇。为了花更多的时间和孩子们在一起，服了 10 年兵役之后，布兰登早早地结束了海军生涯。他有两个儿子一个女儿，分别是 13 岁、12 岁和 9 岁。

如今，布兰登注重追求媒体事业，是一名畅销书作者。他是"部队 12 媒体"的创始人和首席执行官，这是一家数字出版公司，每月收益达到数千万美元，是最大的军事内容网站。2012 年，他创立了"红圈基金会"（以他最畅销的回忆录命名），一个非营利性组织，主要通过为纪念危急事件、医药、孩子培养计划（夏令营和奖学金）提供资金，来供养特别行动部队的家庭。

布兰登自述

当我和孩子的妈妈离婚时（我们依然很亲密），我的儿子们和前妻一起搬到了远在四个县之外的地方，以便能和她的父母离得近些。那时，我最大的孩子，11 岁的杰克森刚开始学习棒球。我去看他比赛，但是整场比赛，他都坐在替补的位置上，看起来很难过。比赛结束后，我直接走向教练。

"怎么回事？"我问道，"发生了什么？"

"杰克森没有参加最后几次训练。"他说。

"那不是他的错，"我说，"他们才刚刚搬到这里。"

"我觉得他很可能是忙着打游戏了。"教练说。

我真想把这个家伙的头给拧下来。我是说，我们要怎么惩罚一个由于妈妈时间很紧，没能按时将他送过来参加训练的 11 岁的孩子？要让他整场比赛都担任替补吗？

正是在这样的时刻，我才意识到我和我的另一半要十分在意我们孩子周围的人。我把这样的人称作偷梦想的人。我对孩子们说："看，你要小心这类人，有很多这样的人，他们消极、无作为、无热情。你们必须学会如何接受和应对，找到自己的解决办法，你们会因此成为更好的人。"

不幸的是，为时已晚了。自那以后，杰克森对棒球完全不感兴趣了（还好他开始打橄榄球），这很糟糕，因为我小时候喜欢棒球，他没有机会像我一样对棒球产生激情了。我和杰克森的妈妈立即让他摆脱了那个环境。我不想让他和那个人接触，他不是一个好教练。老实说，他也不是一个好人。我向联盟投诉了他。

积极环境的力量很强大。当我和埃里克一起彻底重新设计海豹突击队狙击手课程的时候，我们想确保教学正面强化。我们发现课程标准不变，教练教得更好，队员学得更好，我们的毕业队员越来越多。这项改变发生之前，我们的平均退学率大约是 30%。在完全贯彻课程改革之前，退学率已经降至不足 5%。

如果你想成为一名更好的射击手，或者棒球手，或者任何其他人，你要相信通过艰苦的训练、练习和完美的内心演练，一切都是可以实现的。这是能够运用到生活中的方方面面的经验教训。因此，我很在意如何和我的孩子们交谈，不断地了解他们是如何和自己进行对话的。我见过许多糟糕的老师和教练，我不允许我的孩子们周围存在这样的人。

为父反思时间

◇　除了你，哪些教练影响着你的孩子？

◇　任何 你儿子生活的领域，如学校、朋友、纪律、职业、训练、情感等，是否已经有与你的思想脱节的领域？

◇　你的育儿之道坚持得如何？

◇　你的儿子接受指正和管教的程度如何？作为父亲，你对待儿子始终如一的做法是如何产生影响的？

第 5 堂课

坚决果断

培养男孩果断做事、立即执行的能力，

犹豫、优柔寡断会让他难以成功

面对困难，立即做出决定并付诸行动

在伊拉克自由行动的前几个月，我所在的突击队正在科威特境外执行登舰侦察搜捕任务，可以说这是一次合法的掠夺行动。

我们的队员用黑色面罩蒙住脸，带着轻型冲锋枪、手枪和匕首，一切准备就绪后，将会在夜里悄悄潜到敌军的舰船上并伺机逮捕他们，因为他们抵抗联合国签署的制裁条约，时刻准备趁着夜色带着走私货物溜出伊拉克海域。就在两年前，我还是突击队的一个小成员，在这片海域上我们第一次执行这种类型的追缉搜捕任务。那次行动快狠准，因为走私者毫无防备而且并未意识到制裁条约已经生效了。然而，这次行动跟之前大不一样了，他们准备好对付我们了。

几年来，走私者从未放弃跟我们作对，他们变得残忍而且狡猾。他们的防御战略更具攻击性，十分危险。之前，我们整个突击队驻扎在多哈营地，那是科威特城西边的大型军事基地，现在我们在两栖突击舰上负责巡逻波斯湾北部区域。

作为我们突击队的狙击手和情报局的头领，我要出席发生在我们行动区域的所有有关登舰行动和攻击行动的情况汇报会议。有一天，吃完午餐，我们被召集到行动处，汇报一个相当大而且很难攻克的目标。这是我们的一个盟国早就准备打击的目标。

任务组指挥官希维·P比汤姆·赛立克更有男子汉气概，他说道："他们已经在铁路沿线布置了很有攻击性、很危险的反登舰措施，法国一个突击队已经登舰了，但他们没有成功，所以他们离开了。"

"等等，你的意思是他们都登舰了，却没有进去，就离开了！"我打趣地说。

希维·P深吸一口气，说："是的，他们离开了，他们下了船，回家了。船逃走了。"

我的伙伴拉瑞·亚奇笑了笑。他说："去他的，送我们去执行任务。保证完成任务。会离开才怪呢！"

"会给你机会的，"希维·P承诺道，"他们一出现，马上会通知你们，先休息会儿。"

接下来的夜晚，待在船上十分煎熬，我们睡在棺材一样的床上，这些床在五层深的船舱里。灯亮了，有人说："开始了。他们发现敌船了。10分钟之内，我们就要出发了。"

半睡半醒中，我们抓起装备就向直升机跑去。直升机已经发动，等待着我们的到来。

到目前为止，我最拿手的进入敌船的方法就是用我们11米长的海军硬壳充气艇悄悄靠近它。作为第一个登舰的人，在水里我可以用钛合金爪钩拉住铁轨，然后快速地把攀登梯固定在船上，船上没人发现我们的踪迹，神不知鬼不觉。我们要给他们来一次突击。但今晚他们占了上风，他们已经先行一步。

敌船刚从保护他们的伊拉克安全港逃到波斯湾，就直接瞄准了伊朗。这样下去，就算他们往甲板边缘泼洒打滑油试图把我们滑到深水底，在天线上缠绕电线想缠住我们的绳子，都没能阻拦我们，他们也会把我们拖到伊朗海域。这很有可能把我们突击队和我们国家跟伊朗的关系置于十分危险的境地。那么我们是不是应该从天上开始突击行动呢？

直升机快速地低飞着，就在快要接近敌船时，直升机加速把我们送到了指定位置。敌船突然转弯，非常具有攻击性，想阻止我们的进攻。

我们的HRST(直升机绳索悬吊训练师)在船桥顶端发现情况不妙，立刻要求我们从船首进攻。船首对我们来说是最冒险的地方，当从船首进攻时，进攻就成了整个任务中最薄弱的环节，直接置我们于船桥前面，这样船上的任何人都能轻而易举地发现我们。在这个节骨眼儿上，走私者们料到了登舰迫在眉睫，于是他们停止转动，一路直行前往伊朗。敌船全速前往伊朗海域的安全港，计时器响起来了。

本把绳索踢出飞机，队员们顺着绳索滑到船上，就像消防员从电线杆上滑下来一样。我记得轮到我往下滑的时候，绳子很倾斜。我不得不从直升机舱口出来，直升机离甲板最少有15米。在我还没拿到绳子前，"犹豫害死人"这句话从我脑海闪过。没时间思考了，我只能前进——出舱门，面向天空，抓住绳子。走出舱门，背着超过27千克重的装备和子弹，跟绳子没有正面接触，这简直就是世界上最糟糕的体验。

我们迂回前进到船桥处时发现所有门都加强了防卫，我们随即上了船桥在顶端巡视。这里离甲板有27米，除了从前窗突破进入再没有其他办法了，而且前窗还用铁条加固了。这群家伙想得真周到啊。

料到这种情况会发生，拉瑞早就想好了应对计划：我跟他滑下绳索，降落到船桥上，然后我在玻璃上砸个洞扔一枚催泪弹，并用枪胁迫船桥上的工作人员。这时，拉瑞就可以用锯子锯断铁条。我们离伊朗海域就剩几分钟里程了，我们必须完美执行拉瑞的进攻计划，争取在我们造成国际事端之前登舰成功并控制敌船。

墨菲定律登场。

　　锯子锯铁条时进出的火花把拉瑞的一条备用绳索烧成一团，不能用了。两条绳索是必不可少的，至少一条毁了还有一条，不至于没有绳子可用。实际上，计划本来是在一条绳子没有毁坏之前锯断铁条，然后阻止敌船。

　　我抬头看了看本，他在船桥上方，一脸惊讶的样子。

　　"快走！"拉瑞说。他用剩下那条绳子的安全带滑向了船边缘。

　　我对本说："去他的，该行动了。"然后紧随拉瑞滑向船边。

　　拉瑞争分夺秒，他在玻璃窗上砸开一个洞，扔进去一枚闪光弹。这时候，我拿起枪伸进窗玻璃的洞口，掩护拉瑞。我已经淹没在了锯子进出的火花里。

　　就在拉瑞锯断最后一根铁条捣碎玻璃时，上头有人说："我们必须撤了。"还没等拔下锯子，他就扔了锯子从窗户潜进去了。

　　在敌船还有几十秒就进入伊朗海域时，我立即跟上拉瑞。他上了船桥，打开门，其他队员就像洪水般冲了进来。我不记得是谁，转动方向盘把我们送回了公海安全区。

　　面对困难时，你必须立即做出决策并付诸行动——本把我们放到船上，拉瑞仅靠一条安全带越过船边潜进船里（这已经不是第一次他差点儿把我置于死地），突击队队员在门外伺机行动，门一开就冲了进来。这一切都是保证任务顺利完成的因素。"准时，直中要害。"我们说道。（后来我才从中学到一些东西，就像鲨鱼追踪流血的海豹一样，伊朗武装直升机已经发觉我们的行动，逐渐靠近我们准备突击。）

海豹突击队训练的一大部分内容就是果断出击。这种训练常常伴着血腥——这些训练起源于失败的任务。任务失败往往导致服役队员被捕、受伤或被杀害。这些训练是我们精心设计的应对任何情况下即将出错的事的反应。

◎ 如果我们正在潜水，氧气用完了；

◎ 如果我们正在跳伞，降落伞没能打开；

◎ 如果我们正在巡视目标，碰上了敌军，我们必须创造各种条件应对不同的环境和指示，这时攻击随时会发生。如果发现敌军在前，要大声喊出"联系前线"或者"立刻取得联系"等。我们有专门应对这种情况的训练。

首字母缩略词和押头韵

在军队，我们大量使用首字母缩略词来快速准确传递重要信息，首字母缩略词便于记忆。比如，当执行特殊侦察任务时，我们会采用 SALUTE 报告形式，以便快速观察、熟悉敌军。

S=Size 规模

A=Activity 行动

L=Location 地点

U=Unit 小组

T=Time 时间

E=Equipment 装备

比如当我们遇到敌人时，我们收集制作这类信息，这样的话，我们的后援英特尔电脑公司就可以继续构建出整体图像。使用首字母缩略词让我们的工作更快更具体；相同的是，在日常生活中我也会经常使用军队的缩略词，也有自创的缩略词。比如，我和妻子计划旅行，我总会提到SMEAC（Situation，情况；Mission，任务；Execution，执行；Adminand Logistics，管理和后勤；Communication，沟通）确保所有事情都考虑到位。当一家人在商场或公园准备单独行动时，GOTWA 这个缩略词最能派上用场了。

G=Where I'm going，我要去哪

O=Others I'm taking，我跟谁去

T=Time of my return，我回来的时间

W=What to do if I don't return，如果我没回来该怎么做

A=Actions to take if something happens (If there's an emergency while I'm gone)，出现状况如何采取行动（在我离开时有了突发情况）

不可否认，我妻子总是不能接受把这种军事方法用在去迪士尼乐园游玩上。但是只要你看到我们训练孩子应对任何情况时，你就会知道我们灵活考虑到了发生任何事情的可能，并能统筹兼顾。

我曾经花了四个小时训练当我们吃饭突然有人袭击，部队又部署在非洲时，我该怎么做。如果你接受过果断出击训练，

就会明白某地、某时、某人在这种情况下失去了生命，所以我们会非常严肃地对待这些训练。犹豫害死人，确实如此。因为海豹突击队队员极少，所以他们以速度和精确性制胜。我得到的经验教训就是，如果我们犹豫了或者没有精确地采取行动，我们就会死。

在父母教育方面，许多家庭都有突发情况的应对方案，或者生命受到威胁、不寻常的情况发生时的果断出击训练。比如家里着火了，孩子被陌生人带走，半夜妻子的羊水破了必须马上送她去医院。除此以外，我们还需要进行果断出击训练应对其他危机。果断出击训练在我们家很有帮助，使得我们家成为一个信息通畅、有凝聚力的组织，可以应对任何状况。

我前面提过，我的前妻斯泰西，我们之间关系不同寻常。15 年前我们离婚，现在我们依然相处得很好。我们共同抚养孩子，其间从未有过争执。（毫无疑问，我们可以合作写一本书，名叫《海豹突击队队员与前妻的相处之道：你失去了战场，还没失去战争》。）当我们发现泰勒或者杰森有不好的行为，需要立即阻止、改正时，我们会这样做：

◎真心地一起交流；

◎必要时寻求帮助——我们会立刻去找家庭咨询师；

◎一起选择最好的策略。一起去执行一个效果不是很好的策略，也不要单独执行策略；

◎毫不犹豫地执行那个策略。

比如，第 10 堂课我们会讨论欺凌问题和为了妥善解决冲突我们的孩子怎样变得自信的问题。**通常孩子遇到冲突会犹豫而且不会为自己辩护，因为他们不知道该怎么做。锻炼孩子果断出击的能力，可以让他们跟同龄人相处时不再犹豫。**比如，我的女儿丽娅跟学校其他女孩相处一直有问题，那些女孩说了很多让她伤心的话。她害怕如果为自己辩护，她的反应会激化问题，最终会以语言冲突或身体暴力结束，还会和老师发生矛盾。我们一直以来都教她要"动起来"，这样她就能毫不犹豫地回应那些伤害人的话，用她可以掌控的方式为自己辩护。

"她说我是懦夫。"丽娅对我说。

"丽娅，请你认真虚心地问你的朋友一个问题：你那样称呼我，我就会觉得自己是那样吗？"

当然，我会跟她解释"虚心"是什么意思，我们训练了好几次，第二天丽娅回家告诉我发生的事情。

"她说不，她没想伤害我。"丽娅说，"她说她只是想变得有趣。"

丽娅已经会采取行动而不是呆坐在那里任由别人伤害。她已经会在事情恶化前立刻做出反应了。

及时、准确地指出男孩所犯的错误

我在巴林岛散步时路过一个旅馆的积满尘土的停车场，现在这里已经变成了美国军队的营区。我的LPO（leading petty officer，直属领导，就像是突击队的父母一样）叫马克·德坎普，是我见

过的最冷酷的人之一，他比队里其他成员稍微年长。但是他
玩过乐队，我们走到哪儿他都带着吉他。当他爬上军队运输
机时，看起来就像是一个摇滚明星。我总是喜欢看在航线上
工作的军人的反应。在这里不仅可以看到海豹突击队队员身
穿便服走下飞机，也可以看到马克弹吉他，这可比身穿便服
的军人好看多了。

和孩子沟通与协商的关键

你可以想象一下海豹突击队在夜里执行动态任务时
可能发生的混乱。如果你没完成任务，这时你和团队聚在
一起，就有可能发生误伤自己人的情况。当我们意外地伤
害或杀死了自己团队里的人，就可以称作误伤自己人，这
是缺乏沟通和协作导致的恶果。在很多父母看来，这种情
况经常发生。比如，你儿子想去一个你不了解对方父母的
小孩家过夜，或跟一群你从未听过的小伙伴过夜。有的父
母会担心对方父母不知来路，然而有的孩子的观点是"我
长大了，就爱在朋友家过夜"。双方对孩子的请求都说了
"不"。这些喜欢在朋友家过夜开晚会的小孩心里很明白，
父母不同意他们的请求，他们就是让人扫兴的坏人。尤其
是离异父母，他们经常遭遇这种情况，最终导致父母或孩
子向家人开火。这就是为什么我们要采取果断出击训练，
为什么我们要聚在一起交谈，因为这样我们就可以在需要
的时候选择双方都满意的策略。

　　马克相当爱管闲事，当我们路过停车场时他会交代一些我必须完成的事。他说："埃里克，今晚回去后，你要向我保证所有卡车都会被清理干净并加满了油。"

　　我没有回答他，只是抬头看看他点了点头。但是我觉得对他的要求的不满我绝对表现在脸上了。因为我知道接下来他的咖啡杯就会朝我扔过来。

　　"嘿，怎么了？"马克说道，"记住，你是个新人。我跟你说话的时候你必须认可我。"

　　"呃，对不起啊，马克。"我说，"是的，我知道了。没问题。"

　　马克知道他要领导一群大马力的老手，任何时候一旦他犹豫或没有维护他的权威，我们就会凌驾于他。当你领导一群大男子主义者的时候，犹豫要不要纠正他们，不但会落得个懦夫的名号，而且领导权也会被其他人或事情所取代。当然，他并没有用果断出击训练来排练他的反应（或许他训练过），但是通过自身的经历和观察，他培养了自己果断反应的能力，不让自己受到一点点的不敬。

　　第4堂课是关于保持始终如一的毅力，在教育孩子方面要保持始终如一的态度。用这些船舵修正法，则可以开拓一条既定的正向通路。

　　然而，有时候任务会失败，通路也会出现障碍。你已经尽了自己最大的努力，但仍然困难重重。这会导致一种局面：你的孩子不听话，表现差，顶嘴。作为队伍中的领导者，这个时候要主动迅速而有效地采取应对措施。如果不是马克，而是我的话，有人因为我没有对他做出回应向我扔咖啡杯，这个人不是我们的领导者，那么我会把他打得满地找牙，或者至少严厉地批评他。但是马克当即的反应不仅使他受到尊敬，而且令人欣赏。他在整个过程中一直在领导、教导、纠正我们的每一步。他能够保持不变，所以当我质疑他的权威时，他需要马上使我找准自己的位置。时至今日，我已经能够意识到，如何使自己的面部表情能或不能表现出尊敬。

　　当我看到一个孩子对父母翻白眼或顶嘴时，我总是很惊讶。但更让我惊讶的是，有的父母不马上回应、纠正这种行为。**当孩子犯错时，父母漠不关心的态度，为避免上演家庭闹剧以及为孩子的错误寻找借口的行为，都会使孩子错失学习的最佳机会，阻碍孩子的成长。**如果能够保持自己的父母角色，提供合适的方向，就很可能获得受人尊重和欣赏的地位，就像马克对待他的海豹突击队一样。我们在前面章节讨论过的稳定性，为反应、纠正孩子行为的每一个错误、分歧、失败提供了空间和权限。因此，当情况发生时，你的反应将引起预期的回应。孩子可能会说："对不起，妈妈，我明白了，没问题。"如果孩子习惯了接受训导，你强烈的反应就不会使他们不安，而且他们不会再犯同样的错误了。

立即执行，而不是"数到三"

最近，我在一片草地上训练我的比利时马里努阿犬印地，这块草地邻近一排房屋的后墙，我听到一个母亲朝自己的孩子叫喊，让孩子把玩具收起来回屋里去。这个孩子很明显没有遵从，因为这个母亲接下来数到了十。我想，哇，真是新纪录。我听说过数到三，但是数到十又能怎么样？即使是做了 23 年的父亲，当我听到父母为了让孩子顺从而数数的时候，我还是情绪失控了。犹豫，在这个例子中，造成了无效的结果。我听到的只是：

一……第一次你可以不用听我的。

二……听到了吗？我告诉你了第一次你可以不用听我的。

三……拜托了，管点用，这样我就能继续数下去而不用责罚你了。

四到十……这样不管用，不是吗？我看上去已经是个没有骨气、优柔寡断的人了，现在我必须喊出更加严厉的惩罚，与起初所犯的错误并无关系，这样就更傻了。

许多父母喜欢数到三，这样他们就能冷静下来，想出一个更合适的应对孩子所犯错误的办法，或者孩子能想通来遵从父母的要求。对我来说，数到三只有在父母没彻底想明白并设计了自己的果断出击训练时才会发生，代表了一个人并不确定怎么来处理这样的情况。如果你也是其中一员，请记住，如果我们一起去野营，我说"好了，大家请上车"，然后你停在外面数到三来让你的孩子有机会做出正确的选择，我会一溜烟儿开车走掉的！

别当个讨厌鬼

当我的女儿们表现无礼，尝试对我翻白眼或者发表粗鲁评价时，我的回应很迅速却不严厉。

◎不对，宝贝，我们不能那样做，不能像那样对妈妈翻白眼。告诉我发生什么事了。

◎艾拉，那样的回答不优雅、不礼貌，我相信你不是故意那样说的，你想向我们表达什么？

◎不对，宝贝，你不能跟姐姐那样讲话，告诉我是怎么回事。

当孩子们学会了如何解决问题以及完成任务，有时也需要我们介入，对他们所犯错误有所反应，以重新建立其正确的举止品行。对孩子的行为进行纠正时不必再当个讨厌鬼，就像对自己的车进入旁边的车道时也不必当个讨厌鬼，只需温柔地将其拉回正轨即可。

解释不当的举止

有时我们的孩子在向我们表达挫折时会表现得很差。他们是不尊重我们吗？他们的行为还表达了其他的东西吗？他们是因为生自己的气而发泄在我们身上了吗？或者说他们生我们的气，我们做错了什么事吗？

孩子	我想知道	意味着什么
1. 翻白眼	你为什么选择翻白眼	我说了或者做了什么不公平的事吗？我用什么糟糕的理由拒绝你的请求了吗

2. 傲慢的语气	你想达到什么目的	我唠叨你了吗
3. 不理我	你在发泄受挫情绪吗	在你忙碌的时候，我要求你做什么了吗？你可能正在游戏中或者在看一本有趣的书？我打断你了吗
4. 被不止一次地要求做某事	你想引起我的注意吗	我是个懒惰、思想不集中的教导者吗？是我训练的你直到第五次才遵从要求吗？因为每次到那时候我才停下自己手中的事情来帮助你

毫不犹豫，及时做出反应

我的朋友麦克·瑞特兰德为海豹突击队驯养比利时马里努阿犬。我们喜爱的德国牧羊犬佐伊死后，贝利莎和我是时候再买一条狗来担任保护任务，我想，应该从海豹突击队队员那里买为海豹突击队服务的狗，在他那里我已经受到过训练，训练它去捕获、杀戮、捕食。比利时马里努阿犬学习能力很强，而且比德国牧羊犬更好斗，每平方英寸的咬力达到 600 多千克。它们能在恶劣环境下工作，识别毒品、炸弹或藏在屋中的可疑人物。海豹突击队以及其他高度专业化的单位之所以选择这种犬，是因为它们体形小巧，是跳伞、攀岩中的理想对象。它们甚至还能携带远程摄影摄像机，使得它们能跑在队伍的前面，探测危险或敌人。

及时纠正孩子的错误行为

海豹突击队能对冲突做出如此迅速而有力的反应（不管反应结果是采取行动袭击目标还是与敌人取得联系），通常他们会派出更多的军事力量。我们称之为暴力行动，来防止敌人抢在我们前面行动或者处于上风。在战场上，我们不能避免这样的事情发生。同样，作为父母，我们也不能避免这样的事情发生。宵禁晚归、未成年饮酒、滥用毒品、关系不恰当、态度无礼、逃课……对这些错误的行为采取迅速、有力的回应，孩子们不知道什么会伤害他们。如果回应太轻、反复无常，你做的只是使得孩子忽视父母的能力而已。

坚持"犹豫害死人"原则是我训练印地的重要一部分，印地的名字来源于我上次在海豹突击队待的国家——印度。成功的驯犬是对行为分析科学的应用，让一只狗跑、停，修正它的行为。其核心是操作性条件反射，这个概念是伯勒斯·弗雷德里克·斯金纳（通常被称为 B.F. 斯金纳）1938 年提出的，他是一位美国心理学家，哈佛大学的教授。操作性条件反射是学习过程的一部分，行为通过两种强有力控制的因素塑形，所处环境及行为相关的结果。不管是训练一条狗、一个狙击手还是一个孩子，了解和掌握影响、控制行为的科学知识至关重要。

驯狗的人都知道，世界上没有坏狗，只有坏主人。抚养孩子的道理也是一样。孩子的不当行为是不是不当抚养的产物？如果是的话，当然不是给了孩子许可去做坏事，而是给了他们理由。试想一下，在对子女的养育中你始终如一吗？

在面对困难和冲突的时候，父母的回应一定要迅速、果断，头脑冷静。我们必须做好准备工作，那样我们的行动路线才精确、有效。当你的孩子顶嘴或表现无礼时，或者你正帮孩子解决学校里的问题，比如存在同辈压力或恃强凌弱时，当这些情况解决了，一切尘埃落定了，我们希望孩子能比他们之前有所改观。我们想要：

◎一个更强大、更专注的孩子，他能理解的比你期望的更多；

◎一个更有责任心、更自信的孩子，他再也不会成为环境的受害者，而成为一个能掌握自己行为和领域的人；

◎他能理解，即使每天我们都努力成为自己想成为的人，有时我们也会在自己的游戏中被淘汰；但是我们能以准备和练习正面迎接挑战。

◎他能理解，有时候，父母需要介入来纠正他的一些行为，这些行为可能伤害他、他的家庭，以及他过想要的生活的能力。

◎他知道，你非常爱他，你尽自己最大努力使其远离错误选择，你想让他有信心克服困境。

"我告诉过你了"

如果我给我儿子建议，而他选择无视，导致危险的结果，使我不得不纠正他的错误，把他拉回正轨，我总是会说"我告诉过你了"。我知道，这看起来违反直觉，甚至可能很幼稚，但我这样做并不是揭他的伤疤。**我想让杰森将他的离经叛道与我一直告诉他的消极结果联系起来，这样的话，他就会注意到以后对他的警告，尊重并注意这些警告，并从错误中吸取教训。**这是一种提示，就像闪烁的红灯表示不要通过一样。

牛顿运动定律表明，自然界中的每一个动作都有与之大小相等方向相反的反作用。对于为人父母者来说也同样适用：对孩子的每一个不合适的行为，我们作为父母，必须采取与之相应的正确、合适的行动。

最后，本堂课已经谈论了许多坏行为，**但是当孩子们表现很好的时候，毫不犹豫地表扬也很重要。**当你发现他们做了正确的事的时候，比如使用"请""谢谢"等礼貌用语，帮忙提东西，完成家庭作业，帮小女孩开门，不要犹豫，告诉他们你为他们感到骄傲。就像驯狗一样，正面强化是训练孩子的关键要素。**不能发现好的事物，我们会永远地毁灭那些好行为的。**

麦克·瑞特兰德：操作性条件反射原理

1996 年，17 岁的麦克·瑞特兰德在他祖父和外祖父的鼓励下参加了美国海军。他的祖父和外祖父都参加过第二次世界大战。瑞特兰德从 BUD/S 第 215 期毕业，成为海豹突击队 3 队的一员。2003 年 4 月，瑞特兰德跟 15 名队员与第一陆战师一起被派到伊拉克，他们的任务是拿下提克里特城。在一次清算战役中，他发现一群海军陆战兵向一个位于城市外的乡村洞穴结构行进，搜索了几千座建筑和相似的结构都没发现问题后，他们不禁设想全部排查干净了。但是一条携带炸弹探测器的警犬警告他们仍有危险。后来瑞特兰德发现一枚手榴弹饵雷被放置在了门口，第一个进入的士兵一定会被其炸死。他马上就想到与警犬一起执行任务，并学习利用它们非凡的能力打败现代战争武器。

在美国海豹突击队服役 12 年后，瑞特兰德成为 "BUD/S" 教官，并开了自己的公司——特里克国际，为海豹突击队训练警犬。如今，他继续为许多客户提供工作保护犬，包括美国国土安全部、美国海关、美国边境巡逻队、美国运输安全管理局、美国国防部等。他有 15 年引进、培育、饲养、训练多品种工作犬的经验。他还开办了狗战士基金会，来帮助退休的特殊任务狗健康、快乐地度过余生。他有两个女儿，一个 8 岁，另一个 10 岁。

麦克自述

我在抚养孩子和驯狗之间找到了许多相似之处，在让他们做事、学习以及从小成长为有创造力的人方面有许多相同点。**狗和孩子，尤其是小孩子，与我们理解世界的方式不同，我们要记住这一点。** 我知道我对狗或孩子的期待是什么，但是他们却不知道。因此，跟他们相处都需要坚持和奉献。通过操作性条件反射原理，在学习过程中，使他们的学习和行为通过巩固和奖励塑形，我们能把他们培养成有自信的生物。

坚实的基础

首先，最重要的是，与狗或孩子的任何关系必须强大、坚实，这点至关重要。 想象一下，一个老师走进一个小学教室，有 30 个孩子在玩捉迷藏，撞倒椅子，尖叫着四处跑，一点都没注意到老师。如果老师走上前，开始平静地在白板上书写，那些孩子什么也学不到，他们从老师那儿什么也吸收不到，老师完全是在浪费时间。

相反地，如果老师进来后，存在一定程度的相互尊重，孩子们就会视她为权威人物，相信她并愿意跟她学习，进而准备学习。**与孩子或狗的任何关系必须根植于信任和幸福感，不能是基于害怕。** 如果老师或父母走进房间，孩子立刻害怕得要死，害怕他们会对自己进行体罚。如果是这种情况，他们也同样什么都学不到。他们可能坐在那儿，安安静静，循规蹈矩，但是他们可能吸收不了多少知识。

因为避免受罚的心思占据了他们的注意力。对狗来说也是一样，信任和尊重必须结合在一起。

控制

你必须像控制与狗的关系一样控制与孩子的关系，就是这么回事。不论是一个 3 岁的小孩想弄乱什么东西，还是一只小狗想咬鞋子，他们经常是在试水，因此，你必须掌握控制的程度。记住，你控制着环境和资源因素，也就是食物、水、洗澡、自由时间、玩耍时间、影响力。**你控制着他们什么时候能释放自己，什么时候不能。这是个非常有权威的位置，不能被轻易得到。**

动机和正面强化

为了恰当地驯养狗或抚养孩子，需要找到狗或孩子的动力源。如果没有正面强化，训练还会有效吗？当然不会。如果明天开始，你维持生计的工作不再给你工资，这工作你还能做多久？就是这样，跟狗和孩子也是一样。然而，与狗相比，所有的孩子都是不同的。对某些孩子来说，喜爱的情感比其他的要重要得多。而对另一些孩子来说，冰激凌，在前院玩接球游戏，或者玩平板电脑、电子游戏更重要。对狗来说，通常比较简单：它们喜欢食物，喜欢被爱，喜欢玩球、争斗或任何能满足激发它们天性中捕猎嗜好的事物。**重要的是必须发现他们的动力源是什么，否则从本质上说就是在浪费时间。**举个例子，如果一条狗不喜欢追球玩，我却用一个网球来奖励它，那么我在训练它的道路上是不会成功的。

信任和信心

一旦知道了恰当的动力因素是什么，你就可以利用它们建立信任。在与狗或与孩子相处时，我想成为所有好的事物的来源。但在一开始，要从中立者做起，甚至稍微忽视一下他们。不要毫无缘由地滥用奖励，让他们来找你，向你展示他们是怎样的。当他们这么做的时候，你可以开始稍微开放点，给他们多点关注，以示奖励。可以给他们点吃的，陪他们玩个游戏，任何孩子独有的动力因素都可以。像对待狗一样，通过肢体语言和强化向孩子们展示，你是个好人，是个值得信任的人。想让关系成熟而自然发生，就不要进行逼迫。当与新的狗相见时，这是我提的最重要的建议之一。见孩子也是一样，不论你是父母、老师、教练或导师，如果是第一次见孩子，别给压力，别催促，让关系自然建立。

有了正确的动机或正面强化，你就可以指导狗或孩子学习任何你期望的活动。如果你的孩子害怕爬树、爬梯子、跳水或夜晚进入黑屋，解决办法是别让他做这些：把他扔进水里，或者要求他开始爬。在那样的刺激下将会营造非常消极的环境。**用正面的强化和奖励来鼓励孩子，用微笑、鼓励的话语、款待等，温柔地哄他，建立起他的自信心，他就能自己克服恐惧了。**

这是一种平衡行为。有时候需要一点强硬的爱，有时候不需要。每一个环境和障碍都不同，这也就是为什么训练应用时必须非常有计划性、策略性。当你需要运用惩罚时（父母或驯狗人有时会采取惩罚），那就进行惩罚：

◎应当最低限度地达到惩罚的目的，与所犯的错误相当；

◎应当马上实施，目的是让孩子或者狗明白被罚的原因；

◎应当不带情绪，实施惩罚时，父母或驯狗人的头脑要冷静、清醒；

◎应当在坏行为停止时停止，像桥下的洪水一样，结束了，就可以继续前进了。

总的说来，保持训练的一致性很重要。这些概念并不简单，因为需要付出许多的努力和奉献，但是也很容易理解。建立孩子的自信心可能是最重要的一方面，特别是用于将一个教养好、有创造力的孩子养育成一个成功的、勤奋的、得体的、自信的成年人。通过成功的重复，孩子学到了如果专注于自我、不断尝试、永不言弃，他们就能战胜恐惧和障碍，最终取得胜利。

为父反思时间

◇ 遇到困难时，你采取迅速、精确的行动是因为受过训练吗？你害怕吗？

◇ 遇到困难时，你的儿子采取迅速、精确的行动也是因为受过训练吗？他会害怕吗？

◇　你跟你的家人经历过突发的情况吗？哪些是你们已经有应
　　急的方案的，哪些是还需要准备的？

◇　你能及时指出孩子好的行为和坏的态度、行为吗？你会犹
　　豫吗？举出三个例子。

◇　当你指出一个不好的行为时，你的儿子会用和蔼和鼓励来
　　形容你的态度吗？

◇　你的儿子会从内心接受你的反馈并且期待未来有机会从你
　　那儿获得纠正或投入吗？为什么会？为什么不会？

第 6 堂课

心态比事情本身更重要

培养男孩积极良好的心态、对逆境的忍耐力
以及藐视困难的心态是"成功男人"的通行准则

精神上的自律和韧劲，
能让男孩突破各种极限

此时，我能看到的只有灰色的天空连着冰冷的海水。此时的我正在逆流、逆风拼命地往前游。这是海豹突击队训练的第二阶段，我现在要完成 5.5 海里（1 海里 =1.852 千米）的远距离游泳。我不知道这项训练要持续多久，但对于我和我的搭档来说，这次训练简直是长达五个半小时的折磨。

每次都是，我还没有完全准备好便被要求入水。这次游泳训练，我们戴的是十分笨重的旧式潜水帽，潜水衣后面还有一条拉链，需要系在腹部位置，拉紧并固定。潜水衣很硬，我们好不容易才穿上。入水后的前十分钟，每个队员都在适应、磨合这套潜水衣。除了调整泳衣，还要擦干起雾的面罩，或是加紧固定以防面罩漏水。在水中，我一边调整潜水衣，一边与搭档保持同步，而我的搭档的任务则是找到显眼的目标物，以便确认、调整游泳方向。

训练时，其他队友或空中督查人员很难看到我和搭档，因为我们采用了战斗侧泳方法——这种泳姿在传统侧泳的基础上发展变化，可有效减少体能消耗。战斗式侧泳经历了几代游泳健将的发展、革新：

◎能够让游泳者长时间、长距离游泳之后毫无疲累感。

◎减少出水次数，这样从水上就很难看到游泳者。海豹突击队队员就像一群海豚，他们在水面下行进，身体全部在水面下，只有必须换气时才把头露出水面。换气时只有头部露出水面，换气完成立马没入水中。此时，双臂和双脚不会露出水面。

在海里游泳没有可供参考的泳道线，行进方向一旦有偏差就会多出一大段距离。在水里适应后，我只能听到自己的呼吸声。探出水面换气时，双臂后划推动身子继续前行；换气后，没入水面，然后缓缓吐气。始终保持这种节奏，始终如一的呼吸声、吐气声就像一首催眠曲。此刻的我，没有任何时间感和空间感。

五个半小时的游泳十分漫长。起初，我的面罩勒得太紧，头疼开始发作，我只好把面罩松一松。没想到面罩一松，海水就漏了进来；当我用鼻子呼气时，海水就溅到了眼睛里，火辣辣地疼；我的嘴唇和舌头接触到海水，就像腌菜一样被泡到发皱。我尽量保持一侧的泳姿，但要时不时侧身露出水面观察位置，或是舒展一下抽筋的四肢。此时，吸进胃里的海水和着胆汁总会引起一阵阵恶心。每隔半小时，我还要观察一下我的睾丸，是不是出于本能再次缩进了骨盆里。

尽管这次训练挑战了身体各方面的极限，但较之身体机能上的不适感，精神上的折磨才是最难熬的。我记不得搭档的具体位置，但我知道他就在附近；我们俩心有灵犀，都在努力集中精力，拼命完成这次任务。

对于真正的海豹突击队队员来说，只有精神上的自律和韧劲，才能带你突破身体上的各种极限。那天的游泳训练，我尝试了所有的心态调整策略，尤其是通过视觉化来突破自我：

◎我回忆起过去的辉煌时刻，想起13岁那年，我穿着跆拳道服装，想起当时站在墙边，将要登台对打的场景。

◎我想象着这次训练结束后，自己获得了怎样的成长；我甚至想象，此刻有另外一个我正在看着水里奋力前行的自己——就像是灵魂出窍；我想象着，这也许就是一名海豹突击队队员应有的样子。

◎我想象着这次经历会带来什么样的成就；想象着未来自己会执行什么样的秘密任务；想象着完成训练后，我会成为一名执法人员、一名FBI特工或是之前不敢想象的伟大职业。想象着训练结束后，带着儿子到海边，骄傲地对他夸耀"爸爸当年游了多远距离"，或是"爸爸曾经是个多么优秀的水手"。水下吐气时，我仿佛能看到几小时后，自己将变得多么优秀。

换气，吐气，继续前进。

我想象着一切能帮助我完成这次训练的场景，我想象着自己离终点越来越近，此时，坚持到底的意念正经受巨大的考验。

我们从加利福尼亚州的科罗纳多岛出发，几千米之后，我们看到了一个废弃的 NRRF 基地（一座小型的海军广播接收站）。接收设备造型神秘，是一台伍伦韦伯天线构成的圆形结构，直径有 400 米，高度至少有 30 米。我们称其为"大象之笼"。

"大象之笼"是一台废弃的电子侦察设备。圆形结构中装满了收音接收器，用于接听全世界各地的电子信号。"冷战"期间，全球很多地区安装了类似装置，因此美方可以通过信号源，用三角测量法算出敌方的精确位置。训练当天，"大象之笼"成了我和搭档的参照物，我们借此判断彼此的行进方向和位置。

"大象之笼"像一个庞然大物，当它进入视线，你会以为它离你很近。而这个设备离终点不远，所以，当看到它的时候，你会误以为自己接近终点了。当天训练，我们没有手表，进入最后冲刺阶段的时候也完全没有时间概念。可怕的是，不管我们怎么向前游动，"大象之笼"依然矗立在远处，丝毫没有靠近的感觉，就像一直在原地挣扎，当时的无助感就像游过一颗巨大的月球。

无助感一旦产生就会占据上风。我和搭档准备全力冲刺，冲过这个庞然大物。可是，全力游了半个小时之后，我们回头一看：那个庞然大物依然在原地，距离一点都没变，就像被水下追踪光波死死牵制住了似的。

认识我的人都知道，我喜欢游泳和冲浪。所以，对我来说，这种游泳训练简直是小菜一碟。但谁会知道："喜欢游泳"和"进行 5.5 海里训练"完全是两码事儿！之前对游泳的热爱、对大海的热爱，不可能帮助我完成当天的训练。入水一小时后，我之前对大海的所有热情都被消磨殆尽，脑海中只有一个信念：坚持到底。正是这个信念支撑我不断突破体能上的一个个极限。作为一名海豹突击队队员，总有很多听上去十分过瘾的训练，如跳伞、射击、登山、攀岩、潜水、游泳，或是海上划船。短时间内，你会觉得这些训练超级有趣，但是，一旦这些训练成为日常生活的一部分，而且你每天都要重复这些训练，那么，这些训练就变成了一项艰巨的任务。

"人们以为，海豹突击队队员都是超级英雄，他们能完成一切任务，能神奇地突破一切挑战，而实际上，我们也需要事先安排好应对计划。**有了计划，我们才能清楚地知道事情会如何发生、发展。日常生活中也是如此。**大多数人每天睁开眼，觉得一切顺其自然就好，他们没有每日目标。大家都知道设定目标的重要性，但很少有人早上起床后会说：'好的，今天我要完成这件事。今天一定会很顺利，我要完成这个、那个。'这样做其实很简

> 单，但鲜有人尝试去做。这就是为什么**我总会教育自己的孩子，要把每天当成一个任务一样去思考：今天的目标是什么？我要得到哪些经验？这样做，孩子们不仅有所收获，而且变得更加惜时。**"
>
> ——大卫·卢瑟福，前海豹突击队队员

同样地，我一直想成为一名父亲，但实际上，从真正作为父亲的那天起，"父亲"变成了一种我并不十分喜欢的角色和责任。因为身为人父之后：

◎我不能尽情冲浪。因为孩子们会喊冷，一会儿就闹着回家。

◎我不能看自己喜欢的电视节目。除了迪士尼动画频道，我不知道我家电视上还能不能收到其他电视节目。

◎不能再毫无顾忌地旅游、冒险。因为孩子们丝毫没有忧患意识，总爱闯祸。

◎不能顺利地进行一次谈话。每次与旁人讲话或者通电话，孩子们总会打断我。

◎不能再享受徒步旅行，比如耗时六个月走完太平洋山脊步道（从墨西哥蔓延至加拿大），因为儿童保护机构不允许父母带孩子长期外出旅行。希望这条规则以后会变。

◎不能再在外露营过夜，因为要担心如厕问题。我觉得，早晚有必要教会孩子如何在树林里解决内急，这是一项基本技能。

◎不再拥有个人用品。显然，孩子们总是鬼鬼祟祟，把我的各种工具藏起来。这似乎是他们最乐此不疲的一件事。

◎再也没有可自行支配的周末，比如骑行、攀岩、徒步或做其他自己喜欢的事，因为孩子们总会闹着吃饭，喊着要上洗手间。我要放慢速度让他们跟上，还要想着早点回家，让他们做作业。孩子们的琐碎生活总是挡在眼前。

◎再也没有整洁的屋子。因为孩子们的玩具和其他东西会被到处乱扔。比如，我会把外出用品收拾整齐，出发前拿起就走，可孩子们似乎根本不知道什么叫"说走就走"，出发前，他们总会磨磨蹭蹭，至少再拖20分钟——当然，如果我发怒催促了，他们只会磨蹭18分钟。

我只列举以上这些（当然还有更多，这样的例子不胜枚举），和其他父亲一样，我并不喜欢"父亲"这个角色所承担的所有责任，对此我感到羞愧。但是，成为父亲的这23年来，对于那些无聊的、令人崩溃的痛苦时光，我把它们看作又一场5.5海里的游泳训练：

◎我会想起对孩子们的爱。爱是一种选择，我每天都会无条件地选择爱他们。

◎我会想到：不论我做什么，孩子们都会很开心。把他们的开心当成目标，这样，一切都变得令人欣慰。

◎我会想到：自己会成为一名优秀的父亲，而且明天我会做得更好。只需一点点技巧，我们就能成为更伟大的父亲。持之以恒，让保持良好心态成为一种习惯（第8堂课会讲到这一点）。

◎我会想起自己承担的家庭责任。家人高于一切，我要为他们创造尽可能多的财富。

◎我会想到：当下的每一步都是短暂的。看着两个孩子已长大成人，突然感到时光飞逝，我不禁想起那一幕幕"最后一次"——他们在我怀里或趴在我脸上睡着；睡觉时霸占整张床；伸出手想让我牵着走。所有记忆都成了最后一次，我会深深怀念所有这些场景。

◎我会想到：我正在为孩子们树立榜样，让他们懂得如何对待生活。我在亲自示范如何成为一名优秀的父亲、朋友或配偶。我正在教他们如何对待身边的人。

◎一旦成为一名父亲，我的工作、我的世界都成了"我们"而不是"我自己"，这种心态大于一切。有时候，我们并未意识到自己的心态出了问题。每天，我们要重复一些不愿意完成的琐事，整理车库、修剪草坪、支付账单，我们被迫做着。但身为父母，每天都要保持"我们"的心态。

换气，吐气，继续前进。

"堆积木"

通常，当我说"**心态比事情本身更重要**"，你会认为所谓的"心态"只有两种：要么好，要么坏。

◎好心态意味着，寒冷、劳累和挫折、困难等都无法阻止你实现目标。

◎坏心态则意味着，身体不适、厌烦感、动力不足等会阻碍你，使你无法完成任务。

然而，你不用思考心态是好是坏，反而把当下的事情看作"堆积木"。换句话说，把此刻令人崩溃的事情看作一种经历，经历后你就能成为一名更优秀的父亲，你会获得一种新技能。当下的经历能够让自己成长。就像练习举重或是加跑 2000 米，这些经历只能让你变强。因此，你无须畏惧，无须为此煎熬。

成功男人的共同点：藐视困难，享受磨难

要想成功，你必须有坚强的意志力、勇气、毅力和激情，这些都必不可少。这些心理素质的养成源自一个个小成就的获得，让你最终能够转危为安。我们当下所经历的一切并不都是选择的结果，很多时候，我们都是被迫身处其中，但我们的心态和思维才是真正有意义的东西。

海豹突击队训练第一阶段，连续三周，我的闹钟都是凌晨四点响起。每天起床，我都深感绝望，眼睛根本睁不开，从来没有如此疲惫过。脑袋旁的闹钟一直在响，可我的双腿动弹不得，就像被橡皮槌敲打了整整一晚。双手的老茧脱落了，只留下带血的肉坑，我真的站不起来。前一天，教官狠狠地折磨了我：海边冲刺、无数次深蹲、俯卧撑、引体向上、急速卧倒、

弓步压腿，以及口头侮辱——夜里我只休息了几个小时。

第二天醒来，我发现自己昨晚是在做着俯卧撑的过程中睡着的，身上盖着沙子——脸上、耳朵、双腿、嘴里都是沙子。我感到肌肉痉挛、身体发僵，鼻血透过沙子流到了嘴里。当时感觉糟透了，这也是我为数不多的几次，产生了放弃的念头。

突然之间，我的想法变了，也忘掉了当下的窘迫。我甚至禁不住笑了两声。因为我突然想明白了，教官并没有把我怎样。教官没有动手打我，也没有强迫我进行冲刺跑、弓步压腿等训练，没有不让我睡觉，更没有强迫我在沙地上多跑 6000 米。教官所做的，无非是告诉我：想成为一名海豹突击队队员应该完成哪些训练。我都已经做完，更重要的一点是：它们都是我自己主动做的。从那天起，我不断突破自我极限，不断提升身体素质和心理素质。两年后，我成为一名合格的海豹突击队队员。正是教官的指引和磨炼，让我学会了如何建立良好心态。

如今，我也是一名海豹突击队教官，多年的从业经验让我更深地体会到哪些训练能激发队员潜力，让他们完成世上最难的挑战。2008 年起，我开始对高级知识分子和经理人进行心态和素质培训。我从中发现，"成功人士"有一个共同点：**拥有对逆境的忍耐力，及"藐视困难"的心态。海豹式培训不仅仅是培养忍耐的能力，更教会人们如何藐视挫折，如何将负面情绪化为正能量。**多数海豹突击队队员都抱有这种心态，我们真的在享受"魔鬼冲浪"（详见第 9 堂课）、享受长跑等训练。

如何培养这种心态呢？首先，要有更高的目标；其次，关注目标本身；最后，要有逆境中也消灭不了的热情。

全情投入，对自己的内心负责

必须学会对自己的内心负责。这里的"内心"，不是简单的心理素质，比如，他人无法惹你生气，不敢在众人面前讲话等，指的是心底深处最真实的自己那种与生俱来的、固有的、永不改变的特质，这些特质导致我们将成为怎样的人。然而，当你完全沉浸在一件任务中，当你设定了更高目标，本身的特质也能被克服。

善待他人

在正式成为海豹突击队队员前，我有幸参与了海军陆战队的一次特别行动，我的职责就是为所有成员提供医疗服务。那是一次"驼峰"拉练，长途、负重拉练，整个营队的所有人员都要参与，包括侦察服务队队员、行政人员等。当日活动参与人数近千人。由于天气炎热，再加上超负重徒步前进，士兵们一个个接连倒下。拉练的四个小时里，我一直在长长的队伍里跑来跑去，忙着抢救病危人员，忙着为脱水人员进行静脉注射。救护车在队伍最后，我这边刚刚安排好一位病人，队伍领头位置又有士兵倒下了。

在我抢救的那些士兵中，有一些是意志力先垮掉，还有一些在不断挑战自己的身体极限。

这次经历令人印象深刻，我开始意识到，**只有完全投入到事件中，才能完全激发自己的潜力**。那天，我在长长的队伍里忙来忙去，真正体会到了"治病救人"的紧迫感，心底充满了能量，根本没有注意到手上起了水泡，没有注意到自己的后背被沉重的医疗器械割出了 9 厘米长的伤口。当时，我满脑袋想的都是尽快找到下一个伤员，尽快救治病人，那时的我完全忘掉了自己。

举个例子，我的先天性格特点之一就是害怕和异性搭讪，可情报工作的主要任务就是积累人脉。不管身处何处，必须广交友、建立人脉，并找到能够为当下的任务或以后的工作提供益处的人选。当时，我在维珍尼亚海滩接受训练，训练内容就是同当地的人交朋友。这项训练的参与人数较多、预算丰厚，所以，经常可以遇到政府专门雇用的演员，演员们会故意和我们搭讪，以便评估我们快速建立人际关系及让人信服的能力。

训练快要结束时，我在一家最喜欢的餐馆用餐，总结白天的收获，规划下一步行动。那天天气阴冷、潮湿，到店时刚好赶上用餐高峰。一位性感的女服务员上前帮我点餐，这位服务员看上去像是新来的，带着一口浓重的俄罗斯口音，还时不时对我抛媚眼。隔着几个座位，我毫不犹豫地同她搭讪，并邀请她晚上一同外出。这件事听上去没什么大不了，可对我来说是一次自我突破——我从来没有这样做过，也讨厌这样做，尤其当旁人在场的情况下，主动和异性搭讪。这位服务员同意了，当晚给了我电话，还约了下次见面的地点。

当晚，我向教官讲述这天的经历和自我突破，我以为这位女服务员肯定是政府雇用的演员，所以那次之后再也没有联系对方。

"伙计，"教官饶有兴趣地说道，"她不是我们雇的。"

"什么意思？"我有点迷惑。

"我的意思是，你今晚约了一位性感的俄罗斯美女。玩得愉快。"

"什么?! 你骗我的吧？"我吃惊地喊道。我的第二段婚姻当时已持续几年时间了，现在我竟然开始勾搭其他少妇了？机会可惜了。

对此，我茫然无措，所以立马拿起电话，打给了贝利莎："宝贝，我不小心约到了一个俄罗斯女服务员。"

怎么样？我没有一刻迟疑，也不感到紧张或是尴尬，因为我的目标就是完成任务，也顺利克服了之前的心理障碍，跟女性搭讪不再觉得尴尬。我内心那种天生的"害羞"就这样被意念打消了。

> "当时埃里克打电话给我，我的回答是：'好吧。你打算怎么办？'我俩现在都不记得最后是怎么处理的了，不知道埃里克是回了个电话还是直接说'拜拜'了。他曾经过于自负，很少主动跟异性约会。这段插曲也用例

子表明了埃里克为什么娶了我，因为我懂他的那点骄傲，而其他女性可能会因此错过了他。"

——贝利莎·戴维斯

摆正心态，点燃男孩内心的渴望

摆正心态，并不是随意产生的，而是遇到困境时心理调节的结果。有时候，这种"心态比事件本身更重要"的态度呼地冒出来，就连当事人自己也没有察觉到。

记得有一次，我们所有队员站在太平洋的岸边，等待着海平面那边尚未升起的太阳。当时，海面上笼罩着一层阴暗的烟雾，海水混浊且毫无生机，我们不用下水就知道海水有多么冰冷。塞缪尔教官命令我们在海滩上站军姿，以等待迟到的救生船。于是我惬意地站在那儿，欣赏眼前的景色。大概等了 45 分钟，我身旁的队友突然崩溃了。

"我受不了了！"他喊道。

"受不了什么？"我吃惊地问，一边从"白日梦"中惊醒。

"该死的凉水啊，太糟了！"

"什么凉水？"我问，因为我们还没下水，救生船可能还没派出，此刻的我们只是站在岸边。

"伙计，我们最终会下水的啊！"队友一边说一边走向教官。自此，我再也没有见到过他。

我们两个穿着同样的衣服，配备着同样的工具，同样的时间里，一个在遭受折磨，另一个则在享受闲暇时光。为何如此？

那位战友离开后，在其身旁的克里斯·坎贝尔挪了过来，他说："天啊，如果不是训练，咱们还是会像今天这样，来到这儿。"

"什么意思？"

"咱俩肯定会找个时间，趁着晨光在这儿冲浪。"冲浪搭档克里斯补充道。

没错。我和克里斯都痴迷于冲浪，也曾一次次冲进冰冷的海水，所以，多年以后的今天，就这样站在海边，我们内心的那股狂热禁不住翩然起舞。也就是说，那份对冲浪的热爱，时隔多年，演变成一种积极的正能量。

"孩子在成长的过程中，总会有安静的时候；安静的时刻能够激发他们的自省和创新能力。这个时候，孩子们尽情沉浸在自己的世界，不受外部干扰。每次把女儿送回房间，关上房门后，接下来的 30 ~ 40 分钟，她们只会沉浸在自己的'欢乐角'，那里堆满了手工艺品、漫画书、玩具，她们会试着去发现、去创造。出门后，我们也能找到静谧之处，因为我们家离海边不远，可以经常到海边消磨时光。再也没有比海岸沙滩更适合思考的地方了。每次，我会拿着铲子，带着女儿们到海边，挖个大沙坑，然后安静地看着她们尽情玩耍。

"是父母教会了我，每个人都需要闲暇时光。我爸爸是一位极有创意的艺术家，同时，他还是位理性的律师。我和哥哥从小就学会了画画，我们会画上几小时，创造自己的世界，画一些奇特的角色，点燃了我们创新的动力。**我觉得，一旦父母点燃了孩子的创造力，也就树立起了他们自我觉醒的意识。创造力让孩子们成长，让他们能够在安静的时刻学会跟自己独处。"**

——大卫·卢瑟福，前海豹突击队队员

有位同事名叫布兰特，他想成为一名海豹突击队队员，为此，对每一项训练他都做好了充足准备。几年前，对于他来说，今天的这些都是白日梦。很多队员，一心想成为真正的队员，但仅仅是停留在想法层面，始终止步不前，这时候，你需要的，就是点燃他们心中那团火焰。当我年轻的时候，第一次听说海豹突击队，我并没有对此产生足够的热情。对我来说，热情只是完成这个过程所必需的一小部分因素。在军校六年多的时光里，成为一名真正海豹突击队队员的信念曾左右摇摆，我曾不止一次走了弯路。记得有战友说过："真想成为一名突击队队员，你现在就要行动起来。"随后，我退出了海军，举家迁往另一个州，加入了海军司令部；一年后又带着全家回到加利福尼亚，再次加入海豹训练基地，最终顺利结业。

一时的爱好可能说变就变，而梦想我们应该始终坚定。通往梦想的路上会有很多绊脚石，要记得，生活之路很长，暂时的一帆风顺不代表永远万事大吉。

布兰特迈出第一步的动力，就是因为当初那个白日梦、那份渴望。很多人不相信他会成功，连他自己也不信。第一次训练，他失败了，但那份不达目的不罢休的韧劲儿还在。

还记得第一次在一起训练，当时的我已经40岁了，但在各项训练中，我依然能够超过他，为此我暗自欢喜。比如，我会在长跑最后冲刺阶段告诉他，如果他先跑到终点，就立马结束训练。如果我赢了，那就再来一圈。我知道他的个性，所以尽量增加训练难度，不让他好过。尤其是长跑训练，给他希望只会磨灭他的意志。海豹突击队的训练，更多的是如何自助，而非协助。当然，我可以很快磨灭掉他此刻的热情，但我相信他能成为真正的队员，因为只要内心的希望之火还在，热情便会再次点燃。而此时的布兰特，正需要激将法。

当儿子超越了你

我和拉瑞·亚奇到超市旁买热狗，往回走的时候，贝利莎对我们喊道："男人们，你俩太抢镜了。"

"什么意思？"我以为自己仍然身处部队。

"是因为我们的发型和穿着吗？"拉瑞说道。

"不是。是因为你们的气场太大，看上去跟别人明显不一样。"

过去，我一直以为海豹突击队队员身上的气场，源于平时的锻炼（这当然是一方面）。但其实，这种**气场来自丰富**

的人生阅历，来自更强的自我认知能力和自我约束力。

在世界各地执行任务，我看到了很多难以承受的悲惨画面，之后，我不再纠结于一些小事。而大多数人仍然沉溺在琐事之中无法自拔——闲谈胡扯、社交聊天，讨论名牌服饰、多功能更衣室或其他明星用品。我们无心关注这些。因为当你用更高层次的国际视野看待世界，你会看到那些奄奄一息的人，看到那些仍然被奴役的穷人。这时的你，根本无心顾及星巴克杯子上的名字是不是写错了。**开阔孩子们的视野，让他们去处理更有意义的问题，鼓励他们克服压力、渡过难关，给他们自信，让他们昂头挺胸地从那些曾经嘲笑过他们的人身旁走过。**

一年后，儿子的身体素质和能力大大超过了我。我越是想超过他，反而输得越惨。我想激励他挑战身体极限，到最后是我自己先投降。没过几周，我对儿子说："兄弟，咱俩以后分开锻炼吧。我还当你的教练，不过我已经追不上你了，现在只会拖你的后腿。"

极限射击，培养你的注意力

我坚信，孩子们可以顶着同伴压力，克服艰难困苦，最终做出正确判断。他们还会因此增强自信，进而抛掉不必要的思想包袱。鼓励孩子做出正确的判断并非那么容易，鼓励他们承受痛苦，但是，多久为宜？

在那次 5.5 海里游泳训练的过程中，极其规律的换气、吐气让我的思绪放空，身体也进入机械的半催眠状态。正是如此，我才得以坚持到最后。当时的我，已经毫无时间感和空间感，周遭的一切似乎都静止了。时不时袭来的疼痛感会打消紧张与亢奋感，我必须刻意集中精力，才能坚持下去。对我来说，所谓的意志力很大程度上取决于集中精力的能力。

作为狙击手教官，我和布兰登·韦伯掌握了很多技巧，包括如何打断队员的注意力，如何削弱软弱或心态不成熟之人的意志力。狙击手培训学校坐落在加利福尼亚州中部的一个小镇里，学校四周是延绵不断的丘陵以及某家油气集团安置的大型水泵。那里的气候干燥、炎热，灰尘满天。六周时间的培训刚刚过了三周，队员们已经士气大减，因为每天的训练时间至少为 12 个小时。

"第三组，瞄准靶心了吗？"

"第八组，你们的方向对吗？"

我和布兰登把这种训练称作"极限射击"——通过突然喊话来测试队员的注意力和抗压能力。有时候，我们一边指导，一边突然喊话，试图用语言打断他们的注意力。

"喂，第三组，磨蹭什么？等靶子自己飞出来吗？"布兰登突然喊道。

队员放下枪，看着他说道："可是，我前面什么都没有。我一直在瞄准。"队员转身拿枪的那一刻，广播响起："第三组，脱靶。"

听到广播声，这位队员和他的弹点观察员都急了："搞什么？刚才我们在说话，根本没看靶子！"

"抱歉，兄弟，你就是脱靶了。赶紧拿起枪吧，伙计。"我平静地说。

"我们明明在考试，可是你俩始终唠叨不停！"

"冷静，年轻人。刚才就是考试。"布兰登反驳道。

"这太过分了！"队员喊道，"现在是射击考试，可你们总喊话，我们回头一看，就错过了出现的靶子！"

"对，这就是考试。测试你的注意力，测试你的忍耐力以及射击能力。你再说两句，下一个靶子也没了。"布兰登说话间，悄悄地对传呼机说了句："第三组，靶子，起。"转身前，布兰登故意把广播音量调到最大，然后走到两位正在生闷气的队员旁边，此时，广播再次响起：第三组，再次脱靶。

"伙计，恭喜你，又脱靶了。祝你下次好运。"我一边说着，一边转身离去。

培养"心态比事情本身重要"的态度并不容易，何况是控制它、习惯它。这项技能**需要极强的集中力，你的精神越是集中，突破就越大**。我们的生活充满了干不完的琐事，还时不时被电话、短信或其他警示牌骚扰——这些事情打乱了原有节奏，让我们陷入生活这无止境的洪流当中。心态的作用极其强大，但前提是我们必须参与生活这场游戏，而不是做个局外人。作为父亲，你应该稳稳地端着枪、旁若无人地等待枪靶出现；当你能够这样做，你的孩子也会这样做。树立榜样，言传身教。

换气、吐气，继续前进。

基姆斯游戏：提升你的记忆力

在执行任务的过程中，狙击手和侦察员不论是用仪器还是用纸笔记录，一旦低头或弯腰，目标就会被暴露，紧跟着就有生命危险。因此，必须靠自己的脑子去记忆。

英国小说家鲁德亚德·吉卜林在作品《基姆》中描述了一位名叫基姆的大英雄，其间谍培训项目被后人称为"基姆斯游戏"。同样，基姆斯游戏被运用在狙击手和情报人员的日常培训中，用以提升队员的细节观察力和记忆力。

为了获得队员们的信任，我采用的方法是适当夸大、举例。比如，告诉队员我曾自学练习记忆力，能记住整副扑克牌的顺序，告诉队员我能过目不忘，30多人的名单我可以看一遍就能记住所有人的电话号码。之后，我随便展示一下记忆力，学生便会无限崇拜。我还讲到过，自己每到一个新地方，就会徒步在周围闲逛，不用记笔记，不用拍视频或照片做提示，我能一口气说出所有街区的名字、住户的数量和具体位置。这些我一般是不经意讲给队员们听。

但讽刺的是，我的妻子可能会告诉你真相：其实我什么都记不得！但是，例子说明这种能力是可以后天获得的，队员们经过用心练习，真的可以拥有强大的记忆力，这样"适当吹嘘"的目的就达到了。其实，我们的大脑十分强大，只需要找到合适的方法去深挖。

自律的人更容易成功

大脑的前扣带皮层区控制着人的自律能力。自律需跨越三个层次或阶段，身体上、情感上和心理上的。很多队员认为，实现身体层面的自律就能完成海豹突击队的训练任务。但真的如此吗？教官命令你站在冰冷的海水里，即使身体已经发出警报，可你必须站在那里；或是，疲惫不堪的身体要继续做俯卧撑，你不敢想象的长跑训练，"夜猫子"也受不了的熬夜。这些时刻，所谓的自律，指的就是心理上的自律。在身体层面无法自律的队员在训练前期就会被淘汰。

日常训练中，教官们也会引导队员树立情感上的自律。比如，教官总是说你笨、打消士气、否定你。他们取笑你的目的就是让你伤心失落。因为人们在伤心的时候很难自律，甚至会因失落而放弃。很多队员中途退出，不是因为身体问题而是因为他们无法接受精神上的打击。其实，教官的口头辱骂并没有针对任何人，只是为了考验队员，进而培养他们在精神层面的自律。

第三个层次为心态自律。教官会故意为难你，让你做一些不可能完成的任务，有时候会安排一些"无理要求"。例如，教官突然通知，下个训练将于 10 分钟后在泳池旁进行，但游泳池离你至少 2400 米，至少 20 分钟才能赶过去，10 分钟根本不可能。全班整体出发的话，最后只有跑得快的几个人能够 10 分钟内到达，这样做的话，全班近 80% 的队员会掉队。此时只有两个解决方法：1）快跑，自己按时赶到，不管其他队员；2）全班一起到，所有人会因为迟到而受惩罚。在这个示例中，教官们会：

◎测试身体的自律度：你要么尽可能快地跑到训练地，要么跟着那些跑不快的战友抱团前进。

◎测试精神自律度：面对两难境地，你会做何选择？

◎测试情感自律度：当你抵达训练地，不管做什么，你都是错的，此时你会怎么办？

从整体上看，这三个层面的自律指的是你的执行力、判断力和选择能力。这三种能力均由大脑前扣带皮层区控制，必须协调培养，缺一不可。很多人都经历过：身体疲惫不堪（需要机体自律）的时候，很难控制情绪（需要情感自律），更别说做出正确的决策（需要精神自律）。这三种自律能力有机统一，只要某一种出了问题，其他两种便会失效。同理，我们可以同时培养这三种能力，主要是"利用"精神科学——做事前，树立准确又清晰的目标，以此激发韧劲儿和热情，并把体验过程中的愉悦一层层传递下去。也就是说，如果在机体自律层面能够挑战自我，那么就证明你有能力控制情绪，有能力集中注意力；反之，精神上的自律，比如学习或反思，有助于我们规范自身的行为。

为人父母，有必要认识到：这三个层面的自律将决定孩子未来能否成功。因此，**要让孩子在日常生活中树立这样一种观念：挑战自我的过程和实现目标的结果一样重要**。所有的成功人士，不管是父母、孩子、海豹突击队队员还是总裁，你会发现，那些在身体、情感、精神三个层面严格自律的人往往最成功。

为父反思时间

◇　你如何解释"意志力"？

◇　你的孩子有没有因为痛苦或不适放弃过某些事情？

◇　举例说明你曾经如何突破自我，成功地完成了某件事。

◇　你是如何培养孩子意志力的？

◇　身为父母，请举例说明几件你讨厌的事情。

◇　请举例说明，你是如何言传身教，最终让孩子有所收获的。

◇　将悲观化为乐观，你有什么妙招？

◇　当你把注意力放到他人身上，你是否感到生活变得更加轻松？你如何保持对生活的热情？生活中，你如何激发孩子们的热情？

◇　你的自律能力如何？如何提升自己的自律能力？你如何培养孩子的自律能力？

第 7 堂课

成为赢家是要付出代价的

成为赢家就好比登上梯子的最高一级，下面每一级都满是
失败和困难。所以，要培养男孩永不止步、永不言败的精神

胜利是超越昨天的自己

在第一阶段的第四次跑步训练中，我飞速冲过超越障碍
训练场西侧的致命绳索，而训练场距离大海只有 100 米。在
返回训练场后门前，领头的教官猝不及防地加快了步伐，而
此时，我们已经在这柔软的沙子上跑了约一小时了。

整个班像火星四溅的彗星尾巴似的延展开，我才真切地
意识到自己在海豹突击队学员这个大队伍中了。我决心紧跟
着其他队员，心想在这么多人中间会很安全。因此，我压低
头，眼睛盯着自己的脚步，一步一步踩在前面队员的脚印上。

"快快快，赶紧跟上！"广播里不断传来 BUD/S 教官的声音，教官此时坐在队尾的 4×4 装甲救护车上，它是装备最牛的救护车之一。

我回头想看一眼落在后面的菜鸟，却被映入眼帘的场景吓了一大跳，车子的铁栅栏。教练呵斥的菜鸟原来就是我啊！

我飞快地跑到分队的侧边，这才发现我们几个人落后足足有 50 多米。我开始全速冲刺，看到教官站在远处的终点线上，挥舞着双臂。可就在我快跑到他面前时，他的手挥了下来，停在了半空中。

"差了一点儿，"他对我和我身旁的队员们说道，"到海浪里去！"

冲浪结束后，我浑身湿透、上气不接下气地往回走。爬上沙堤时，我看到了按时完成训练的伙计们正抱着自己的佳得乐饮料瓶大口大口地喝着。瓶子上缠着白色医用胶带，胶带上有印着各自姓名的钢印。只差一点儿，我就可以站在那边喝饮料了。

"排队，准备赛跑！""挥臂"教官一边说一边指向沙地，凭空指定了一条起跑线。"前三名越过起跑线的队员便可安全过关。"这就是我们在前面讨论过的笨蛋方队。为了能像先前完成任务的队员一样得到一丝必需的喘息机会，补充水分和体力，我必须甩掉这些和我竞争的兄弟。我必须赢！

"预备，"教官喊道，"跑！"

这是我在 BUD/S 的第一场比赛，我心中满怀期待，教官一声令下我便全力以赴。冲刺过程中，我一直在纠结，是放手一搏、全力冲刺，还是为下一场赛跑节省些体力——如果我拼尽全力仍没有过关，接下来就要进地狱了；但如果我全力以赴赢了这次比赛，这一切努力就是值得的。直到今天，我都十分感谢自己当时的选择，快追上跑在我前面的队员时，我决定拼了！正是这个决定让我第三个冲过终点线，免受加练之苦。而我超过的那个队员以及之后到达终点的队员在这之后又经历了整整一个小时的加练之苦。

胜利是作为一名海豹突击队队员的全部追求。整个训练过程中，教官利用一切机会向我们指明通过测试和打败对手的好处。他们说着"胜利是要付出代价的"，一边奖赏胜利者，又一边往死里惩罚输了的队员。所有这一切就只是为了先人一步冲到终点，拿到第一吗？

BUD/S中确实存在着许多队员之间的竞赛，但其最终目的并不是看到谁跑得最快，爬得最快，或是游得最快。教官们教导我们，胜利和打败某人，截然不同。当我们打败某人时，一切到此为止。我们或许会因此得到一枚奖章，或许什么也拿不到。而胜利则是获得一项技能，像一名运动员一样不断成长，变得更加强壮，更加自信。胜利没有终点。

海豹突击队的训练和生活就如两场历时持久的游戏。想在这两场游戏中取得胜利，对能力的要求更高；而在一场竞赛或训练中，打败对手所习得的那点儿技能并不能与之相提并论。即使是明星运动员或大学橄榄球手通常也很难通过BUD/S训练，因为胜利对他们来说只是做得比别人好。而在海豹突击队的训练中，**胜利是超越昨天的自己**。

> "我做任何一件事我父亲都会主动参与进来，而且还十分争强好胜。比如，我说我做引体向上会比他多，他就要跟我比。我做 20 个，他就做 21 个，偏偏只多做 1 个。他可以做更多，但是就喜欢刺激一下我。还有一次，8000 米长跑快要结束时，他对我说：'咱俩可以现在掉头回去，也可以比比看谁能最先跑到最后一座小山，你赢的话就到此为止了；但你要是输了，咱俩就掉头重新再跑。'我知道我赢的机会很渺茫，但是也只能全速奔跑，一边暗暗期许父亲被自己的鞋带绊倒，或是其他有利于我的小状况发生。"
>
> ——杰森·戴维斯

竭尽全力，永不言败

身为一名父亲，我的职责就是告诉孩子打败他人和取得胜利的区别。我必须指导他们让他们理解，只要他们越来越好、越来越快、越来越强壮，他们就会胜利。那你又如何知道作为一名父亲的你胜利与否呢？就赛跑和运动而言，胜利是简单明了的，不赢便是输。如果你不够快，不够强壮，不能第一个冲过终点，那就拼命训练，直到你可以完成或意识到自己不行。

在日复一日的日常生活中，环顾四周，身旁并没有可让你打败的人，胜利也就不再那么明显直接，但却可以通过每天的进步来实现。比如：

◎教会儿子一项技能，如登山或长除法。

◎帮助儿子实现目标，不论这目标是考进心仪的大学，还是鼓足勇气约会漂亮女生。

◎帮助儿子解决来自网络、电视、酒精的困扰，抑或是别的降低他积极性、创造力和注意力的一切问题。

◎帮助儿子完成承诺，实现自己许诺过的目标。

◎在日历上标注出健身时间，并按时完成健身任务。

上述每一条都能让你每天有所进步，合在一起又可以让你在生活中受益匪浅。如何通过 BUD/S 和成为一名男人、父亲、成功的人，这两者之间有着共通之处：竭尽全力，永不言败，那么你终将胜利。

别让自己松懈下来

在 BUD/S 中，许多人会因为一顿饭而选择放弃。为什么呢？因为在吃饭时，他们终于可以舒舒服服地坐下休息，每个人都吃得心满意足，肚子像小狗的肚子一样滚圆；那感觉仿佛是感恩节大餐后再睡上一觉，惬意而舒适。这时的他们十分满足，完全不想去做小甜饼或被冷酷的海浪击打。行动中的身体始终在运动，身体一旦懈怠或停止运动，整个人就会松懈下来，这一点相信我不说你也明白。

参与是赢得胜利的首要准则

任何活动，任何训练，参与其中便是胜利。我相信，世界上没有比军队更加赞赏参与其中这一行为的组织了。下面我简要列举一些我身为部队一员所获得的荣誉：

联合作战奖章：该军人在核心军备的准备和保养工作中贡献突出，确保装备处于最佳状态，随时可以使用。在棘手任务的计划实施过程中，关注细节，为行动成功做出贡献，技术知识丰富，展现领导才能。

海军／海军陆战队成就奖章：海军特种作战小组在训练过程中，该高级狙击手教员表现出众；在新的海军特殊作战小组狙击课程的发展实施过程中，该军人展现出高超的技术知识和组织能力。

海军／海军陆战队成就奖章：该军人作为海豹第三分队印度野战排的一员，成就卓越；并在与直升机飞行中队并肩作战的无数小时里，为战斗制定出了标准操作流程。

三军功绩奖章：该军人作为任务跟踪员，在三军联合特殊行动南部小组，特种作战司令部，阿富汗坎大哈，支持"永久自由"作战行动中，贡献杰出。

嘉奖证明：该军人在第一陆战师总部大营服役期间表现优异，高度专业地完成了任务，展现了高超的治疗类选法（根据紧迫性和救活的可能性等在战场上决定哪些人优先治疗的方法）水平和急救技能。

> "我和我的妻子永远也不会对我们的儿子说：'你做得太棒了。'但是，我们会经常告诉他：'哇，你这么努力专心做一件事，太棒了。'**我们把重点放在个人付出的努力上，而非认定他是否擅长做某件事。我们赞扬通过奋斗得来的成功，而非成功本身或天生的优点。**侧重点的不同能够引起柯尔特的思考：不难的事情便不值得去做，以及无须过于看重天资，他的成功在于他为之付出的努力——我越努力我就能做得越好。在此前提下，即使他失败或遭遇困难，那也只不过意味着他有机会弄明白到底是哪些地方需要改变或改善，为下一次的成功积累经验而已。"
>
> ——拉瑞·亚奇，前海豹突击队队员

这些奖我称其为参与奖。我因参与行动、履行职责而获得军队的认可。还有一些是我的个人荣誉——表现奖，但是这些表现奖也同样授予了我们作战排的其他战友。

参与奖赞扬所有参与行动的战士，**参与是赢得胜利的首要准则；如果我们不参与其中，那么便永远没有胜利可言。**

　　我的两个小女儿艾拉和丽娅，在参加第一次游泳比赛之前，她们只游过很短一段时间。和我一起训练让她们对水更加有自信，她们水下的表现都非常优秀。我们不会真的去花时间学习潜水游泳的划水动作，这是只针对海豹新手的一种战斗侧泳（或是手脚被捆绑后游泳），所以她们对此一无所知。不出所料，她们奋力追赶也无济于事，在各自的比赛中被其他人远远甩在最后。但是，我清晰地记得，那天她们两姐妹开心得眉开眼笑，跑向我的同时，胸前闪耀着"第四名"绶带（因为整场比赛只有四名选手，所以这些绶带本质上是一种参与奖）。和前三名小选手相比，她们对这个小小荣誉的热爱只有更多，没有更少。

　　游泳比赛教练的工作做得十分到位，绶带使得小姑娘们积极参与进来。教练们明白一点，如果孩子们不积极参加练习和比赛，那她们永远无法在游泳上更上一层楼。他们当然也心知肚明，如果孩子们不继续参与游泳项目，我也就不需要继续付钱给他们。这一点难道不是很有趣吗？

　　顾名思义，参与奖指的是为参与这一活动颁发的奖项。貌似微不足道，但是它在任何技能或运动项目上习得进步的过程中，都是至关重要的。孩子们在生活中难免遇到各种各样的跌宕起伏，要想帮助他们获得成功，我们首先必须鼓励他们去参与，去面对，这样他们才有机会去进步，去成长。要想有所为，首先必须参与其中。

　　作为一名绩效教练，最令人沮丧、最影响绩效表现的莫过于拒绝接触新事物。这就好像当人们活到一定年龄、到达一定阶段时，饱经世事见多识广，他们感到自己似乎没有了冒险精神，他们不再尝试新鲜事物。我年龄大了，我身体不行了，我撞过南墙无数次了。顽固的老狗是学不会新把戏的。但问题是，如果坚持学习，掌握新技能，积极参与，即使"老狗"也不会冥顽不化的。

当孩子们试图翻开生活的新篇章时，他们难免会遭遇失败和挫折。如果我任何一个女儿嫁给了一个浑蛋丈夫，我不希望她因惧怕重新开始，而委曲求全选择留在他的身边。如果我的儿子在一个没有前途的岗位上虚耗了15年光阴，我不希望他因为惧怕重新来过而妥协忍让。如果孩子不加入不参与，那么我们就无从谈起绩效表现的重要性。

注意，我并不是说孩子所做的任何一件事都值得奖赏。我注意到一点，**许多人因为不懂得参与奖的原理而误用滥用它。这一激励手段有利亦有弊，恰当使用威力无穷，过度依赖则害人害己。**倘若加倍努力、刻苦用功，收到的回报和参与加入的结果旗鼓相当，那么前者的意义又在哪里？**教育孩子要达到事半功倍，参与的奖赏和绩效的奖赏必须相辅相成，缺一不可。**只有这样，才能鼓励孩子们不断去尝试和敢于争优。绩效奖赏是火箭，参与奖赏则是发射台。火箭想冲上太空，少了哪个都不行。

"比赛不计分这种想法在我看来十分荒唐，孩子们还是会计分的。他们知道谁赢了比赛。"**输赢都是有价值的，家长们也需要懂得这一点。"**

——布兰登·韦伯，前海豹突击队队员

参与奖

正确示范	错误示范
获得新技能时	学习该项技能时
全力以赴时	一直错过练习时
鼓励想放弃的人	为照顾大家的情绪而平等奖励每个人
当某人丧失激情时	当某人热情高涨时
以获得某人的注意	以保持某人的注意

平庸是一种病。作为一名父亲，我的使命就是看到两个儿子超越平庸大众，最大限度发掘自己的潜力，成长成才成功。这一点有时不难实现。比如，我的两个儿子都踢竞技足球，也都想争当最佳球员。看到他们有这种积极上进的精神，我感到很欣慰。然而，面对日复一日的普通日常如家庭作业，他们却感到动力不足，后者的重要性并不亚于足球赛。我期待他们能够两边都干出成绩。不过孩

子们很幸运，他们的母亲是一名高中英文教师，她可以监督孩子们每天按时完成功课，看似无聊的日常坚持下来也就不再是难题了。她也很擅长督促孩子，因为**成功除了光鲜刺激的部分外，更多的是无聊琐碎而辛苦的小事。**

——克里斯·桑诺，前海豹突击队队员

经历失败，
才是孩子今后通往成功的唯一通道

人们拒绝尝试新事物，做出改变，不管是有意还是无意，其背后都有原因。他们惧怕失败，辜负自己或他人的期望。不论工作还是生活，我都无法忍受和这样的人待在一起。虽然失败是每个人都会遭遇的，但他们是注定会失败的，因为他们惧怕承认失败，更不会从失败中成长。不懂得如何面对失败、接受失败，这让他们和他们所在的队伍失去了成长的机会。

我的孩子们每年都会竞选学生会干部。迄今为止，他们几乎都失败了，但这却是个难得的教育机会。并不是说我想看到他们失败，而是由于选举结果依赖于大家的意见、看法，失败也就在所难免。这种失败体验远比如何当一名小学学生会副会长珍贵得多。这几次选举也给了我机会，让我教会孩子们如何在选票不管多少的情况下取得胜利。

"那么，你在演讲时表现好吗？你感觉怎么样？"我问道。

"我觉得不错，"丽娅说，"中间部分说得有点儿赶了，但是我一直和观众有眼神交流，确保观众没有走神儿。"

"干得不错。艾拉，你紧张吗？"

"没走近麦克风时是有那么一点儿，"她说，"但是一上台就不紧张了。"

"太棒了。记住你俩现在的感觉。下一次遇到什么事情让你们感到紧张不自在时，就回忆一下今天是如何克服紧张情绪、正常发挥的。"

当然，输掉选举还是令她们心碎大哭起来，但是当我问她们："你们明年还要再竞选一次吗？"她们都这么回答："当然了，爸爸。"

对我而言，她们已经赢了。

每一年，我们都做新的更好看的"海豹"，准备新的更完美的演讲。即使全心全意、全力以赴，有时也难免会失望而归，但是这种失望使得我们学会更好地管控自己的情绪。**记住一点，超越其他人还不算成功，只是完成了第一步。成功是超越自我，是失败过后继续坚持**。失败对我的女儿们来说只是成功的垫脚石，是成功路上的一个经历。**她们知道了什么是摔跤，并能在跌倒后再次站起来，这一点足以让她们终身受益**。坚持不懈参与其中才是真正的势不可当。请尽力让你的孩子把注意力集中在获得新技能、新知识和新体验上吧，这样当他们遭遇失败时，尽管会感到沮丧失望，但是这样的失败只是偶然的、次要的，并且和他们今后在人生道路上迈出的每一步都一样有意义。

"当我 8 岁的女儿考跆拳道紫带时，她先前已经失败过一次了。当时，教练对她说：'麦迪逊，你今天拿不到紫带了。'她表现得十分镇静。但是走出教室后，她抱住我便放声大哭。我说：'听着，这对你来说是重要的一课，两周后你回来重测时，你一定会拿到的。'她果然拿到了。经历了失败、付出了努力、战胜了失败、取得了成就，这一连串事情发生后，她脸上闪现出了前所未有的美丽笑容，这种经历对她无疑是一笔宝贵的财富。对于家长来说，**让孩子们体会失败是很重要的，这样他们才更加明白成功是怎么一回事。成功是梯子的最高一级，下面每一级都满是失败和困难。**人们经常羡慕我，说：'啊，你能成为一名海豹突击队队员真是太幸运了，你太成功了。'然而，他们对我成功背后密集的训练、付出的艰辛努力一无所知。他们更不知道，我的第一本书《红圈》，在成为《纽约时报》最畅销书以前，被出版社拒绝了 12 次。你只有经历失败才能成功。我看到有许多父母，不愿让孩子跌倒，不愿让孩子进入真实社会练练手，不愿让孩子输掉一场比赛。殊不知，经历失败才是孩子今后通往成功的唯一通道。"

——布兰登·韦伯，前海豹突击队队员

"学生时代遭遇的校园欺凌让我很早便意识到，我对做一个正常的普通人毫无兴趣。看看那些校园里的小霸王，他们是普通人，对吧？但每个人都想成为他们那样的酷孩子。他们也是普通人。在我的认知里，没有做出过非凡大事的人都是普通人，因为非凡和普通是截然相反的。我一生中所有的成功都是通过表现得不普通而得来的。别人说我普通是对我最大的侮辱，因为这意味着他们对我的期望值很低，并不指望我做出任何成绩。当然，倘若只是出于叛逆，为了反对主流文化而言行出格，这样的不普通是有问题的。但是，如果我可以为我的儿子做主的话，我倒情愿他成为一个出格的'怪人'，也不能沦为一个平庸的普通人。"

——拉瑞·亚奇，前海豹突击队队员

无论如何——永不止步

在密西西比州的郊区，有一片大约 12000 平方米的区域，供海豹作战排在此进行人质解救的演习。区域的这边，立着一栋毫无特征的房子，供我们居住，就好像我们来拜访亲人一样。在另一边，则是有着"杀戮小屋"之称的另一栋建筑。杀戮小屋里有着迷宫一般的走廊，许多房间顶上有狭窄的天桥，供教官观察演练使用。我们训练时摸清地形，安全解救人质的每一步都被教官看在眼里。

"人质十分危险！"其中一名教官罗斯在天桥上大声喊道。此时，一名海豹突击队队员用 HK 冲锋枪（MP-5）打出的一颗

9毫米实心弹微微擦过纸模人质的手掌。他迅速跑掉，爬上一架通向房屋外的梯子，这架梯子另一头连着距离我们演习的房屋500米的一棵橡树。

"动作慢了就流畅，流畅了才能迅速。"罗斯常用这句话提醒我们。当我们的动作慢下来时，我们的脑子和身体就能更好地掌握技巧，"神枪手就是这么练成的"。罗斯教官看上去其貌不扬，但十分谦逊，能在你一眨眼的工夫就把你的脑子打穿。

为了让训练效果更逼真，我们配有全套的彩弹装备，抑或是非致命性的训练武器——改装后的枪管和弹夹可射出充满颜料的子弹（并非真人游戏中的彩弹，因为我们的彩弹是用火药发射的，威力巨大）。

"跟着我穿过走廊，"搭档拉瑞·亚奇对我说，"你掩护左边，我冲在前面。"这时，一阵枪火声从我负责掩护的黑暗走廊里传来。

嗒嗒嗒嗒，啪！

五枚塑料子弹打在了我的大腿内侧。剧烈的疼痛感太过真实，我当时确信有人意外用实弹击中了我。我抓住拉瑞背部的盔甲，紧紧跟上他，用我的MP-5对着走廊另一侧予以还击。

由于此次任务目标是解救人质，而人质在大楼的深处，我们必须快速行动，所以我们继续前进。跟着拉瑞又进了三个房间并且确保房间安全后，我们穿过了另外一条走廊，成功解救了人质。演习到此结束。

"所有人停火！"其中一个教官大喊道。我拉开灰色飞行服的拉链，察看伤口。

"哥们儿，有人击中我了。"我一边对拉瑞说，一边给他看我大腿内侧，红色的鲜血从伤口不断流出。

在此类训练中，被枪击中后要继续作战。你要学会永不止步，无论如何。教官说："当你摔倒了，爬起来。当你脚踝受伤了，继续作战。当你中枪了，继续作战。枪战的胜负关键就在于继续作战。一旦战斗开始你就不能停止，一直作战直到胜利，就这么简单。"

我们需要教会孩子们去拥抱生活，拥抱变化和困难。我知道有太多的人停下了尝试的脚步。一些人做了一些尝试便放弃了，还有一些人试了上千件事然后选择了认输。每个人成功之前都可以忍耐一定数量的失败，难题是我们并不知道我们成功所需的尝试到底有多少。**对我个人而言，成功意味着永远相信你还可以多进行一次尝试。**

大卫·卢瑟福：竞争的力量

我一辈子都是一名运动员。我的母亲是一位知名的全国网球冠军，而我从 4 岁时便开始参加各种团队型运动项目，比如橄榄球、足球、长曲棍球。运动是我们家的一大传统，对我个人发展的影响十分深远。在 20 世纪 70 年代中后期，我还在上小学的时候，没打进前三甲的队伍是拿不到奖杯的。之后慢慢衍生出了不同大小的奖杯，第一名，第二名，第三名，等等。今天已经发展到了联赛都不计分的地步了。在我看来，这是一场玩笑。学校和家长或许想保护他们的孩子，但是竞争的紧张带来的不屈不挠的毅力是他们成长所不可或缺的。

我每年要在全世界的一些大公司做 70 场演讲，我总是会被问到这样一个问题：如何才能让人发挥最大潜力？而我的答案却始终如一——鼓励竞争。海豹蛙人是地球上最具竞争精神的人，我们在任何事情上都要竞争：谁枪擦得快，谁跑得快，谁障碍越野完成得快，谁射得准，等等。这很疯狂，但是多亏了这种劲头和竞争精神，我们的技术才更精湛，我们在实战中的表现也就更加优秀。

竞争在一点点减少，这对我们的孩子们有着致命的影响，尤其是今天的孩子都成长在一个所有条件都很理想的环境里。在真实的世界里，情况却不容乐观。他们大学毕业后，找工作十分困难，因为需要竞争。从来没有学习过竞争的他们现在要怎么开始呢？真实的世界里竞争十分残酷，他们的准备并不充分。无论在学校还是家里，我都百分百地主张竞争。和我的女儿一起时，我们为了乐趣而竞争。任何事情都是一场比赛，谁又能做得更快呢？我希望他们能：第一，有动力每次都比上一次做得更好；第二，明白每个人都会失败。而**失败决定你最终成长为一个什么样的人，决定你在生活这场战争里能挺住多久。**

为父反思时间

◇　打败某人和胜利的区别有哪些？

◇　你想让你的儿子在生活里掌握哪些技术和能力？

◇　设立参与奖的目标是什么？你是如何使用它的？

◇　你的家庭如何应对失败，如何利用失败促进全家人的
　　成长？

◇　你擅长应对失败吗？为什么擅长或为什么不擅长？

◇　你有多少次是在选择放弃前就失败了的？

◇　你认为你的儿子选择放弃前应该失败多少次？

◇　你会给孩子们示范怎样做是杰出的或平庸的吗？

第 8 堂课

敢于挑战

最舒服的日子永远是昨天，
所以，男孩每天都要进步，都要比昨天更好

最舒服的日子永远是昨天

我第一次驾驶飞机的情况糟糕透了。各种按钮、油门、操作杆、上浮、下沉、左转、右转等等，要兼顾的东西太多，我忙都忙不过来。

"没关系，"我跌跌撞撞地着了陆，教练对我说道，"不要灰心，你可以的。"

有意思的是我并未因自己的表现而感到沮丧。在跑道上一着陆，我就为下一次飞行做好准备了。着陆表现很差这事我想都没有想过，因为我知道下一次飞行训练之后，我就能做得更好。

在海豹突击队用于制作水下爆破物的研磨机上刻着一句著名的格言：**最舒服的日子永远是昨天**。海豹突击队的体能训练常常使人全身上下关节瘀青，汗流浃背，肌肉酸疼；而我们之所以能经受如此的历练，全在于秉持着这样的信念。我之前一直以为这句话的意思是昨日之所以轻松是因为昨日已经过去，可如今我不再这么认为了。我意识到了生活就是要应对一系列挑战。好比我们每天都要登山，登得越高，山路越险，想成功就需要了解更多的东西。最轻松的日子之所以是昨天，是因为今天更为艰难。海豹突击队每天都在经受严酷的历练，他们一直在成长，一直在提升。这并不是一句具有激励性的声明，而是一种指导性的关心。

假如情况变得越发艰难，不论是驾驶飞机还是养儿育女，当我们学会它以后，信心就会倍增。"最舒服的日子永远是昨天"这句话并不是说一边惧怕着越来越多的工作和挑战，还一边无论如何都要去完成；而是说要提升技能水平，掌握所做之事的方法。当你不断努力，获得持续的提升之后，就会觉得自己仿佛无所不能——每一句"我做不到"就会变成"我还没学会"，每一次挫折都会转化为一次机遇。假如停止进步，可能不但会丧失进步的习惯，还会对进步的能力失去信心。如果距离上一次学习新事物已经有十年的时间，那么你很可能会觉得你再也学不会了。

我教育杰森要让自己始终处于进步的状态，这一点很重要；如此一来，进步于他而言永远唾手可得。这就好比一个是使用还是失去的交易。有多少人丧失了改变生活的能力，但改变生活就像其他任何技能一样，不用就会失去。

所谓"天才"，
只是付出更多的努力与坚持

一开始我并没有这样的想法。父亲生病的时候，我只有17 岁，就已经开始自食其力了。我还记得努力与生活妥协的日子有多么艰辛。幸运的是，我成功加入了海军。那时候我想，天哪，实在是太惊险了，情况还有可能更糟呢，真高兴我挺过去了。

接着就迎来了海军侦察兵的第一次选拔——在水中数小时的摸爬滚打和数公里的负重长跑。我腿部的肌肉和筋腱开始发僵，伴随着剧烈的疼痛，我甚至都以为我要废了。我拼命坚持着，心想，天哪，真高兴我再也不用做这个了，真高兴我挺过去了！

那之后我便进入了侦察组，成为一名新兵，在得到认可之前，新兵要花几个月时间接受同组其他成员的操练。我熬过了那段日子，想着，真高兴我挺过去了！

接下来我面临的是海军陆战队的特种作战训练，即侦察基础课程（BRC），为时三个月，每天凌晨四点集合，开始进行游泳负重练习。课程结束后我心想，我终于做到了，我加入特种作战部队了，真高兴我挺过去了！

看出这里的规律了吗？

前文中，我们谈到了心理韧性对于应对生理挑战的重要性，即**心胜于物**。然而，主动接受训练，不断进步，进而掌握所做之事同样很重要，会使人信心倍增，即**物胜于心**。

还记得参加水中爆破训练期间的一个夜晚，我辗转反侧，汗流浃背，咳个不停，用 20 世纪 70 年代的老式棉被把自己裹得严严实实。棉被还是母亲给哥哥缝的，后来哥哥又给了我。大部分时间里哥哥就像我的父亲一样，我很崇拜他。在海豹突击队里的每一次行动中，我都带着这床棉被。

第二天早晨咳嗽终于止住了，我还进行了第二阶段的清晨 PT 演练，可是当我回到班里我又开始不停地咳嗽。咳嗽声音太大，连教练的课都进行不下去了。

"伙计，"他说道，"你是怎么回事？赶紧去医务室检查一下。"

最后，我被送往医务室做了胸透。

往回走的时候，一位教练看到我手里很大的 X 光片，对我说道："嘿，戴维斯！你在这儿做什么？出什么事了？"

"我得了肺炎。"我神情恍惚地说。

"他们不准你参加训练了吗？"教练语气中透着一丝关心。

"还没有，我能休息到下节课开始，然后就得回去训练了。"

偏偏就是这么倒霉：我最终挺过了"地狱周"和第一阶段，正顶着肺炎学习怎样成为一名潜水突击队队员，我甚至都无法相信这一切。这次挫折可是不小，我需要赶紧让自己恢复到训练状态。

"地狱周"之后，我以为情况会变得好起来，可是并没有。我意识到所有我经历过的坏事只是在为即将到来的坏事做准备，所以我开始训练提升自己。待身体恢复，训练也取得进步以后，我发现作为海豹突击队队员，我的生理忍耐力随着训练强度的增加而有所提高。我勇敢应对挑战，作为父亲，心理承受力也有所提高。

最初进行海豹突击训练时，我只能周末回家，因为每一周我都需要时间休息和恢复精力。现在，我每周都会抽出几天通勤，我甚至在一整天的训练后还能带孩子去迪士尼玩。凌晨三四点起床，驱车130公里从加州米申维耶霍市前往科罗纳多市，可能一晚上只能睡三四个小时。在路上，我就想，天哪，如果现在我能如此克制自己，以后我要经商肯定赚翻了。说真的，我可以不停地工作。

"一切都归于你如何练习，如何坚持，如何有目的地做事。天赋这种观念是被误读的。我不敢说天才不存在，因为不同的身体赋予了每个人不同的特质，但是我相信天才只是极少数人。

"当我的儿子们尚幼时，小儿子经常踢橄榄球玩。一次他一脚踢得很重，于是所有人都夸他说：'哇，你踢得可真棒，你是个天才啊。'他对此反应很积极，想给人们留下印象，让大家看到他是'天才'。于是乎，他每天都去练习踢球。他从幼儿园回来后会直接到家里后院踢上几个小时，进来吃完晚饭后接着出去练习，球技精进不少。几年之后，他开始参加足球比赛时，人们再次夸他：'哇，他可真是个天才。'他并不是天才。如果你肯花费时间投入精力，那你一样可以成为'天才'。"

——克里斯·桑诺，前海豹突击队队员

为目标而奋斗，挑战极限，你会乐在其中

当你认可了我们信奉的"最舒服的日子永远是昨天"时，你便可以停止寻找所谓的轻松生活。省去无用功，为目标而奋斗，挑战个人的极限，并享受其中的乐趣。

走遍全世界体验不同文化让我明白一点：美国人比其他任何民族都更加追求舒适感，而这一点给我们的身体和心理都带来了大量的问题（详见第 9 堂课）。我亲眼看见我的儿子一度在这个问题上挣扎。他的第一份工资来自在蒂姆·艾伦导演的一部情景喜剧中做临时演员，短短一小时的演出带给他 200 美元的收入。这当然很棒，但是他也明白这种天上掉馅饼的机会不是每天都有的。如果你守株待兔，一心寻找轻松又赚钱的工作，那你就免不了空欢喜一场了。

好几年之后，他才从那次经历中走出来，调整状态，决心重新上路。他学到一点，不论是做临时演员这样划算的好买卖，还是薪低活累的快餐店服务生，两种工作都能帮助他每天进步，不断成长。我写这本书的同时，杰森正打着三份工，来争取他

想要的生活。他明白，当你不再追求舒适安稳，从容应对困难，生活便会变得越来越好。

自信还是自大？

海豹突击队队员坚信一点，通过训练和学习，没有什么是他们干不成的。他们这样是自信还是自大呢？这两者其实有着很大区别。

◎**自信：基于过往表现和获取帮助的能力，相信自己可以成功。**

◎**自大：没有类似经历，凭空认为自己可以成功。**

我教育孩子主要从两方面下手，我个人擅长的领域和生活方式。经过观察我的表现，接受我的教育和锻炼，他们在许多事情上都树立了自信心。然而，他们有时会认为由于他们是我的子女，那么我能做到的他们也一样可以，这时我就必须打断一下了。如果我儿子说："啊，那个我也能行。"我就会说："不，你还不行。你以前从未做过。儿子，我喜欢你的自信，可是你这样信口开河就是自大了。要小心一点，不然你会受伤的。"海豹突击队队员们懂得，自信可以增强创造的能力，而自大只会断送你的能力。了解自信和自大的区别是可以拯救你的生命的。

我记得我第一次参加 MFF（军队自由落体）跳伞训练时，没有任何教官和我一起跳。降落的区域是一座早应该废弃的老旧飞机场，地面既非柏油路也无青草，有的只是碎的混凝土掺杂着一些杂草。我喜欢常规的自由落体跳伞，如果能一直练习这个我也就心满意足了，至少也要练到我驾轻就熟吧。可是，轻松地从飞机里跳下去是远远不够的。我们必须超越自己，所以很快新任务就下来了。

◎在我还没完全轻松驾驭下落和直线滑翔时，教官要求我做后空翻的动作。

◎后空翻完成后，他们在我腿上绑了个沉甸甸的帆布背包。

◎戴上氧气面罩时，我感觉自己快要撑不住了。

◎刚刚接受我死不了的事实，他们又说："是时候动真格儿的了。"于是跳伞改在漆黑的半夜进行。夜晚跳伞那回很倒霉，空气里一点风丝儿都没有，而风可以提供缓冲，减小落地的冲撞力。

在海豹训练中，教官之所以很快就和我们动真格儿的，有两个原因：

◎我们有正事儿要忙，只有菜鸟才去慢慢来。

◎我猜，看着队员吃苦头对教官来说挺有趣的。因为我们大家伙儿都不被允许白天降落在软草地上，也就只能乖乖跳伞挨摔了。一名队员一边看着他的兄弟在碎土地上脸先着地滚上整整 30 米远，一边喊道："耶！有你小子受的。"

一名海豹突击队队员学习内容的 99% 都不能立刻完成，比如自由跳伞，4 小时夜间导航潜水，高水平射击，一周 30 万米长跑。你做不到的事并不足以确定你的能力。你接受的教训是，所有的训练都要熟练精通，每天都是一个增进现有技能的机会。说实在的，即使我现在是一名合格的跳伞员，掌握了高跳低开技巧，但我依旧向往哪一天回到那个飞机场好好学习如何跳伞。

> 人们时常会这样问我："我永远也成不了一名优秀的狙击手，为什么呢？"如果你自己这么说，那你就没戏。每当碰到有这样问题的学生，我做的第一件事就是想法子让他们摆脱这种消极心态，不然他们注定会失败。**成功和有没有天赋并不相关，成功在于他们能否正视自己的训练成果，为自己打气助威。**为了鼓励他们成为 MVP 射手，我会通过冥想、目测，培养积极心态等方式进行练习。这些练习也是我教育儿子的手段之一。
>
> ——克里斯·桑诺，前海豹突击队队员

每天让自己变得更强、更好

辛勤工作、训练，不断进步，能够让我们成长。一小时挣200 美元不重要，20 岁发横财 30 岁悠闲偷懒不重要，重要的是接受生活是一场挑战，每天都是艰苦的挑战。工作总是辛苦的，谁让它是工作呢。但是我们也可以从中大受裨益，工作和挑战让我们成长，活在当下，向往未来。在我多年从事绩效工作和教练工作中，经常有人告诉我他们想干出一番成就，却又不想付出太多努力。这就像所有人都渴望过上富有舒适的生活，却又不甘心每天工作、学习和训练。人们总想不费吹灰之力就取得成功。要想成为一名成功的海豹突击队队员、父亲和男人，就必须做出成年累月的奉献和牺牲。**你必须每天证明你自己可以，不论生病、负伤，还是疲倦，你必须出面参与（如第 7 堂课讨论的），并完成你的工作，没有借口，每天都要做出成绩。**

追逐舒适、奢侈是营销人员编造的美丽谎言。舒适和奢侈是分散注意力的消遣，绝非目标或理想。它们看上去光鲜亮丽，令人向往，如果你真这么做的话，你的眼里就看不到其他东西。成长和长期的提高是不可能一步到位的，它是对我们耐心和成熟的长期考验。我们必须教导自己的儿子，如果他们懂得生活中处处是挑战，他们一点点在进步，他们便可以让舒适和奢侈充满生活的每个时刻，安定下来为长远的未来做准备。**虽然最轻松的永远是昨天，但是明天你却可以变得更好。**

克里斯·桑诺：每天为自己投资一点儿

参军入伍一两年后，我和我的母亲提到过一个有趣的东西——共同基金，它是基于"组合"概念的一种投资方式，每月你只需投资一小笔钱，钱便会不断增加。母亲却嘲笑我："克里斯，你想得倒挺美，咱家的钱可不是用这玩意儿挣来的。"记得坐在母亲旁边我心里在想，哇，看来我要自己学习这个东西了。在我小时候，我的父母没有告诉我金融或投资的魔力，这可真不可思议。如今我当了父亲，我要确保我的儿子们明白财政稳定和计划的重要性。

我最近刚读了戴伦·汉迪写的《符合效应》，作者在这本书里谈到两个面临的选项：一是预先拿到 300 万美元，二是得到 1 美分，但是这 1 美分会连续 31 天每天翻一倍。第二个选择很有意思，因为对于选择它的人来说，前面 15 天的增值少得可怜，2 美分，4 美分，8 美分，到第 15 天，数目也只有 160 美元而已，而另一个拿了 300 万美元的家伙这时已经在大溪地的海边享受美味的玛格丽塔了。然而，到了第 31 天时，原本的 1 美分变成了 1000 万美元。

我十分想以此教育我的儿子，虽然他们当时分别才 9 岁和 11 岁。我让他们两个读了一本有关练习重要性的书，因为我是一名教官并教授射击，我相信练习的方式远比内容重要得多。我想让孩子们明白，所以读这本书的同时，我告诉他们读完书并写出读书报告，我就奖励每人 100 美元。

两个人接受了我的提议，分别读完了书也写了读书报告。之后我坐下和他们一同讨论这本书时，我一只手拿了 100 美元现金，另一只手拿了 1 美分。我说：你们可以现在就拿走这 100 美元，想拿去怎么花都没问题。我还问了每个人打算怎么花掉这笔钱，因为我想让他们兴奋起来。然后我说："或者，你们也可以选择这 1 美分，之后的 16 天每天它都会翻一倍。"（我不要用 31 天）年龄小的那个很自然地选了 100 美元现金，而且估计也已经把钱都花光了。他不关心如果耐心等一下，他最终能拿到多少。而我的大儿子选择了 1 美分，他说："我也不知道我最后能拿到多少，但是爸爸，我了解你，我知道你要教我些什么。"到了第 16 天，他得到了 200 多美元的回报。

最后，两个男孩子学到了一样的道理。他们学到了复合和投资的重要性，这一点不只局限在财务上。学会对你自己投资，对自己的训练投入，每天做一点，这一点会像滚雪球一样越滚越大。而反观那些一开始便想占大便宜的人，最后反而什么也得不到。

为父反思时间

◇　你有什么事是今天比一年前做得更好的？

◇　为达到某项目标你战胜了哪些挑战？

◇　有什么挑战阻碍了你实现自己的目标？

◇　你目前在尽力挑战哪些个人极限？

◇　你是自信还是自大？为什么？

◇　你追求舒适还是不断进步？

◇　你现在在训练什么吗？它对你的自信有什么影响？

◇　你的儿子通过什么训练增强了自信？

第 9 堂课

动起来

运动是男孩成为男人的根本保证，生命在于不断地
折腾和运动，在"舒适区"里长大的男孩没有未来

积极活跃是一种生活方式，
让男孩感到幸福和快乐

他们把我锁在屋子里不让我出去，这使我感到一阵恐
慌。没办法，谁叫我被抓住了呢，这就是代价。也许，真正
的煎熬在于我与自由仅有一门之隔——一扇密不透风的玻
璃门。我看得到屋外的青草和绿树，甚至闻得到风的气息。
简直太折磨人了。

当时我也就五六岁的样子，面朝我家的滑动玻璃门坐
着，心情复杂，可谓是愤怒与恐惧交织。我摔倒在地擦破了

脸，又挥舞着拳头拿饭厅的薄地毯来撒气。我要到外面去。我都忘了当时是用什么办法搞定我妈，让她放我出去撒欢儿的。终于又能疯跑、上树，玩得浑身是泥了。虽然被关在屋里仅有半天时间，但这记忆却在我心头打上了深深的烙印。

这就是我，过去是这样，现在依然如此。我喜欢到户外去奔跑、冲浪、游泳、徒步，做一切能让人心跳加速、畅快呼吸新鲜空气的事。只有在这样的时刻，我才是真正的我。因为我从小就是这样，所以我的家人把这叫作"诅咒"。我从来都坐不安稳。小时候每次去教堂，所有的人都在唱着圣歌，只有我一脸不耐烦的样子。等到我蹒跚学步的时候，哥哥格兰特经常要负责看管我。每次出门他都要用皮带牵着我，免得我乱跑。不可思议的是，全家人一起去饭店吃饭时，大家就把我放在一把高脚椅上。我不愿意坐在那里，于是就使劲把我的食物扔得到处都是。后来，大家实在拿我没辙，就决定轮流在车上陪我，然后其他人去吃饭。我感觉身体里像是装了一枚燃烧的火箭，不安和痛苦随时都准备喷薄而出。我只是需要动起来。

幸运的是，我家住在一个联排别墅区，房子周围有漫无边际的草地、很多条人行道和不计其数的公园，有的是好玩的地方，而我也有的是时间，于是我就真的每天都从早玩到晚。我爸妈知道我浑身有使不完的劲儿，就干脆放我出去野，真是谢天谢地，他们没有给我太多管束。有了良好的户外环境和充分的户外活动，我变得行动敏捷、精力充沛，每天快乐极了。倘若没有这些，也许伴随我成长的就是无限沮丧、无数烦恼和无尽的悲伤了。虽然我的家人还是常常拿我的"诅咒"开玩笑，但我发现我异乎寻常的充沛精力和对户外运动的渴望更像是一种福气。对我来说，**积极活跃是一种生活方式，也是我全部健康和快乐的源泉。**

我遇见了很多有着同样"诅咒"的人，其中很多都是海豹突击队队员。一切活动、运动和行动都使他们感到快乐。他们退役后所找的营生也都有助于自身能量有效的释放。然而，还有很多人却并非如此。他们坐在狭窄的小隔间和杂乱的办公桌前工作，幸运的话可以抽出半小时吃午饭。唯一能让心跳加速的活动就是从办公室走到车库，再从车库走到家门口。

当今世界经济的发展主要基于知识的进步，人们需要更多地依赖脑力而不是体力。**这种桌子不离肘、电脑、手机不离手的状态不仅危害着我们的身心健康，而且还影响着我们对孩子的教育和彼此之间的交流。**我们要想生活幸福并且引导孩子也这样生活，那就必须从人群中拍屁股走人，开始我们的冒险。

"我们全家经常一起去看电影，买好多爆米花、玉米片和苏打水尽情吃喝。看完电影，我们就开车回家，除了我爸爸。他每次都会跑 16000 米回家，看起来毫不费力。我有很多朋友，他们的爸爸通常都是下班回家就看电视，一直看到睡觉。他们几乎从来不陪孩子玩，大多数人身材都走样了。我爸爸却不是这样，他经常带我们出去玩，然后再跑上 16000 米。"

——杰森·戴维斯

男孩天生爱运动

从海豹突击队退役后，我在商界打拼了几年。我想不通为什么办公楼里面没有健身房、浴室和衣帽间。

"大家都去哪儿健身啊？什么时候去？"我问贝利莎。

"你傻啊，哪有人健身啊，"她说，"工作日一般都没有人去健身。"

当我们根据周围环境去衡量或评价自身的情况或状态时，这种做法就叫相对评估。那么，根据美国总统健康、运动及营养委员会提供的数据，我们来看看周围环境如何。

◎ 只有三分之一的孩子会每天都做运动。

◎ 现在孩子们每天对着屏幕（如电视、游戏机、电脑）的时间超过 7.5 小时。

◎ 超过 80% 的成年人达不到有氧运动和肌肉训练指南的要求，超过 80% 的青少年因有氧体力活动不足而达不到青年运动指南的要求。

可能大部分人都意识不到他们缺乏运动，因为他们被这样的环境所包围。而我就像其中的一朵奇葩，常常跑步去参加晚宴，或是饭后跑步离开来完成我的里程数。"你这是疯了吧。"不断有人这样对我说。现在我终于知道他们为什么这么说了：懒惰已经变成了规则而非例外。所以，只要你周围的人们还没有觉得你已经运动到发疯的地步，那就说明你可能还不够活跃。你需要抬抬屁股动起来！

运动对于健康和幸福是必需的，而不是可选可不选的，海军很清楚这一点。当我作为狙击手为我们排的登船（合法海盗）行动提供支持时，我要不断从一艘船的上空飞到另一艘船的上空，这样我才能用它们的直升机作为空中狙击平台。每一艘船上都有健身脚踏车、椭圆机、举重器和跑步机，很多船的甲板上都配置了价格不菲的健身器材，就那么晾在咸咸的海风中任凭腐蚀，只为方便水手们在外面活动身体。

我在一架直升机的舱门口坐了整整一晚，盯着我们排的队友们爬上船，把那些来自伊拉克的走私货物卸下来，然后再搬下船。等到再次回到船上，在一片汪洋大海中，一边骑着固定自行车，一边戴着耳机看日出，我觉得这样的时光尤为珍贵。我在各种健身器材上做了很长时间的运动，感觉神清气爽、精神饱满。虽然在刚做完一项精神高度集中的工作后再去做高强度的体力锻炼，以此来保持精力充沛似乎有违直觉、有悖常理，但这样确实很奏效。我们可以用能量来激发新能量。（更多关于"自我调节"的内容，请参见第10堂课。）

男人生来就注定是活跃的，我们为运动而生。我们需要充分活动筋骨才能肌肉强健、身体灵活、心血管健康、反应敏捷、心情愉悦。如今我们不再是必须整天狩猎、集会、求生，但这并不意味着我们不应该花时间去打猎、聚会、谋生。**男人对户外的渴望是发自内心深处的，而当这种渴望得不到有效的满足时，我们就会感到疲劳，变得肥胖，甚至更严重。**不活跃的状态对我们的心理健康和日常生活质量都是不利的。

别让男孩躲在封闭的空间里，困兽成疾

去过动物园吧？见过熊和老虎在笼子里来回踱步的样子吧？这些食肉动物本应驰骋于万亩旷野之上，尽情捕食猎物，如今却被困在这弹丸之地，也就成了这副模样。

沿袭数千年的自然动力在它们体内高速运转，驱使它们奔向远方，可现在它们无处可去，体内的能量没有地方释放，可想而知它们的内心多么压抑和焦虑。这就好比把油门和刹车同时踩到底，哪一个都不放松。

如果你也像我一样有着活跃和冒险的灵魂，那你也许会有同感。只要是待在封闭的空间，我就像来回踱步的笼中困兽一样，感觉紧张焦虑，浑身不舒服，只能靠喝酒来为体内高速运转的发动机降温。这种感觉就像是呼吸不畅的病人，总感觉有什么东西压在心头，由此催生出一些坏习惯和糟糕的负面情绪。我们开始惶惑不安地消磨时间，试图从不健康的生活方式中获得存在感。我们暴饮暴食、酗酒、嗑药吸毒、疯狂刷剧、搞婚外情，一切只为找到存在感，一切只为松开刹车让我们的齿轮自由运转。我把这种症结叫作困兽成疾。

我发现当今社会滑稽的一点是，大家明明都是天生会动的人，却总是要求孩子们安稳坐着，保持安静，上课听讲。成年人自己精力不够用了就靠咖啡因来撑过一天，还要把孩子们的生活环境也搞得死气沉沉，希望他们都乖乖"坐好了，听我说"。我们就是教他们不要健康和活跃。调查显示，不爱体育运动的人容易在感情和行为上出现各种问题。疾病预防控制中心的数据表明，经常运动的人不仅更加长寿，罹患心脏病、中风、Ⅱ型糖尿病乃至一些癌症的风险要小一些，而且他们思考、学习和判断的能力更强一些，得抑郁症的风险也更小。不幸的是，体育运动委员会的数据显示，2014年，缺乏运动者的比例达到6年来的最高值，美国人依然不愿意投身体育运动。

简单来说，如果父母不喜欢运动，那么他们的孩子必然一样。这是我亲眼所见：父母总是闲坐着，教出来的孩子就会认为空闲的时间等同于懒惰的时间。父母下班回家就习惯性地打开电视或是直奔电脑，孩子就会觉得休闲时间就应该盯着各种屏幕。

听我说，电子游戏自有一席之地。小时候，它是我必不可少的生活乐趣，帮助我激发脑力，锻炼思维。它很好玩，教会我在工作中只有坚韧不拔、长时间地集中精力才能解决问题，教会我面对失败要愈挫愈勇。但是，正因为我花了很多时间进行户外运动，所以小时候才没有沉迷于电子游戏，长大后也没有沉溺于现代科技，是户外运动使我得到放松。令我痛心的是，现在很多成年人和小孩一刻也离不开手机。

如果不能充分激发自身的活力，我就会出现焦虑、忧郁、压抑、不安、易怒、失眠等各种问题。有很长一段时间，我都觉得是自己哪里出了问题，就想尽办法去解除我的"诅咒"，看各个医生，找各种资料，读各类书籍，能试的法子都试了，我甚至学起了针织。终于，在间歇性地饱受种种折磨之后，我总算想明白了。

"我只是比大多数人能量过剩了一点。"在发现这个秘密后，我这么对贝利莎说。

她看着我说："不然你以为呢？"

整个世界都在等待着我们去探索。我知道大家都很忙，家庭时间非常宝贵，但我们需要重新认识生命赋予我们的义务，抽出时间去做运动。的确，**生命在于不断地折腾和运动，不折腾、不运动你永远不知道你有多强**。

"小海豹"训练营

离我们老房子不远的地方有一个古老的阿克雅切人（Acjachemen）村落，名叫"畔河"（Panhe），意思是"河畔之地"。这个村落已经有 9500 年历史，是过去美洲原住民胡安人 / 阿克雅切人（Juaneño/Acjachemen）居住的地方。为了保护当地的文化遗产，防止这片神圣的土地因新修收费公路而惨遭破坏，这里每年都会举行一次"世界地球日"庆祝活动。

几年前，我带我的两个小女儿去那里玩，以便更好地了解那个村庄和那里的人们。当地摆了很多货摊，其中一位摊主是个年迈的美洲绅士，他穿着一条已经褪色的蓝牛仔裤和一件缀着珠子的皮制背心，长长的头发已经花白，稀疏的鬓发有些蓬乱，饱经风霜的脸上写满岁月沧桑。他让我们见识了地地道道的本地人。

他坐在那里，身旁放着一个篮子，篮子里装着水和野草一样的东西。当我和女儿们划船经过他的货摊时，他突然说话把孩子们吓了一跳："你们想不想学如何用植物来编绳子？"

"哦，太好了，我们想学！"她们以惯有的热情给出了回应。

等两个孩子都在旁边站好了，他说："特种部队在生存训练中就是这样来编绳子的。"

她们马上抬起头来向我确认。老人把之前编好的绳子拿给她们看，我低头看了一眼，然后说："没错，就是这样。"

我坐在一旁，看着这位神奇的老人跟孩子们分享自己的传统工艺和经验知识，发现她们听得特别投入。我就在心里想：看来编绳子也是激动人心、值得一学的有用技能啊。忽然，我灵机一动：我干吗不自己组个队啊？我不仅能教孩子们一些生存技能，还能教他们狙击隐蔽、水下打结，甚至还可以给他们展示如何在脚蹼上安装索环，这样就可以把脚蹼挂在背部，以便执行水陆两栖侦察任务。

嘿！这粒种子就这么在我心里扎下了根。海军曾为特种部队家庭组织过一项名为"小海豹"的家庭活动，我就盗用了这个名字，开始慢慢构建我的项目。我准备采用灭火、救援和执法等形式的训练来帮助孩子们激发信心、锻炼技巧、培养能力。

几年过去了，看到人们对足球、游泳、钢琴等课程的需求越来越旺盛，我开始有点心灰意冷。后来，我和贝利莎终于下定了决心：我们非得把这事办成不可。我们把女儿们从那些传统的活动中拉了出来，告诉她们我们要办一个"小海豹"训练营。

"孩子们，我们现在要教你们如何变成牛人！"我说。

"哦，太好了！"她们答道。

作为狙击教练，我持有高级培训专家资格证。这个证书相当难拿，我拿到这个证书意味着我在专业领域内的课程开发和教练发展方面算得上是个专家了。在开发我们的"小海豹"项目时，我运用这些专业知识来培养高素质的教练，开发高质量的课程，来有效锻炼队员的生存技能和耍酷本领。我们训练的项目包括：水下狩猎（用鱼叉捕鱼和潜水捉龙虾）、海洋游泳、横渡河流、水上救援、潜水、攀岩、建筑内疏散、地图与罗盘陆地导航、徒步、巡逻、狙击隐蔽，以及许多其他活动。作为一位父亲，我人生的一大遗憾是没能在泰勒和杰森小的时候给他们做这些类型的训练，因为当时我经常要出去训练或执行任务。现在我回归家庭，就是想努力弥补以前的遗憾，为孩子们创造一段独特而难忘的经历；不仅为了我自己的孩子，也为了别人的孩子。

无处发泄的精力往往会坏事

我们都需要做不同程度的运动来保持身体健康。根据我的经验，大部分海豹突击队队员代表着运动的最高水平——他们需要做大量的运动。一旦"被关起来"很长时间，我们不可能只是坐在那里安静地等待。如果你问一名海豹突击队队员哪种队友最危险，他一定会立马回答你："无聊的人。"

我当狙击教练的时候，有一回我们在圣地亚哥东部的沙漠中上课结束后，早早就完成了清理工作，结果接我们的卡车第二天才能到，所以白天就多出来四五个小时的空闲时间。

另一位教练名叫约翰尼，是个懒散又热情的农夫。他操着浓重的加州口音说："哎，咱得把这剩下的弹药解决掉啊，走，咱去五号山头给它全炸了。"

我以为他说的"全炸了"就是像我们通常的大规模全自动行刑队做的那样，所以我拿了几支 M-4s（标准军用突击步枪）和一包杂志，还拿了一些射击手套，防止手被沙漠里的大太阳晒伤。开车进山花了大约 20 分钟，我们开着政府的 4×4 卡车，车上放着好听的成熟雷鬼乐，我开始有点犯困了。

"快来把这些都干掉，然后咱们回去喝啤酒。"约翰尼说道。

"这计划不错。"我一边摇着头让自己清醒一边回答道。

因为之前一直是学生们在装剩下的弹药，所以直到进了山我都没往车后面看一眼。

"哦，我的天哪，"我说，"怎么还有这么多子弹？枪管等会儿都要被烧坏了。"

"烧坏枪管?"约翰尼说,"谁说要打枪了?咱们拉个手榴弹把这儿全炸了,肯定爽爆了。"(写到这里有点尴尬,我得承认我当时是这么回答的:"哎,对哦,好主意。就这么办!"我们没有一个人考虑过这么一大堆子弹全点着会是什么后果,都怪雷鬼音乐。)

我们花了 30 分钟把子弹堆成一堆,以确保它们都能点着。约翰尼拿着燃烧手雷(一种燃烧性极好的手榴弹,可熔化或引燃周围物体,将其全部摧毁),拉开保险销,一边把手雷放在弹药顶上,一边说:"小心手雷。"

这时,我们才终于意识到应该离这堆即将燃烧的子弹远一点。约翰尼跑去发动卡车,我又回去确认了一下放在燃烧手雷下面的木头已经被引燃了。眼看着一堆子弹就要被点燃了,我感到了一阵紧迫感,开始慢慢向卡车小跑过去。

接着,子弹开始一个接一个地爆炸,听起来像是爆米花机里的玉米。

嘭!

"哦,该死,老兄,这子弹到处乱飞呀。"我朝约翰尼大喊道。

嘭!

一波刚完,又来了一波。我听到有子弹从身边飞过,差点打到我身上。因为这些子弹不是从枪管里打出来的,所以不会按我们要求的方向和速度旋转。结果就十分危险,子弹到处嗡嗡乱飞。

"快上来,埃里克!"约翰尼一边喊一边掉了个头把车厢朝向了我。

又一声炸响从我耳旁划过，我朝卡车拼命狂奔，刚一跳进车厢，卡车后轮就开始急速旋转，带我们逃离了那个鬼地方。

"这帮孙子，唱的什么玩意儿。"约翰尼说着关了雷鬼音乐，换成了重摇滚。我们的车飞速驶回营地。

就像我说的，海豹突击队要是碰上了无聊的人，那可真是要命。

活力是吃出来的

关于海豹突击队的 BUD/S——魔鬼训练，外界有一个普遍的猜测是教练不让我们吃饭。事实恰恰相反，在那为期 5 天的持续运动中，我们吃得非常多。

每 6 小时，海豹突击队队员就会补充一次营养，可以尽情吃喝。食物是碳水化合物、蛋白质和脂肪的均衡搭配，没有流行食品或特殊添加剂。在那一周时间里，我们大多数人都没有摄入过咖啡因。关键在于，不是让你吃到吐，而是让你尽可能多地去吃非常有营养的健康食品。我从小到大吃了很多垃圾食品，比如说即食的熟肉罐头、甜粥和加工食品（我叫它"羊食"，因为现代社会我们都像羊群涌入食槽一样，涌向商店的货架去买这些东西），所以在魔鬼训练营待了 8 个多月，使我有机会重新培养我的饮食习惯，开始把食物仅仅当作身体的燃料。海豹突击队培养了我健康积极的生活方式。（这并不是说我偶尔吃点儿玉米片都不行。）

我在家对孩子们也采取同样的方法。我们有一条策略是不用全部吃完，我们吃饱就不吃了。如果碰到不想吃的东西，你可以不吃。去寻找你爱吃的东西进行合理搭配，使蛋白质、碳水化合物和脂肪达到平衡，并且坚持这么吃。只要你肯在饮食上下功夫，那么你的孩子多半也会这么做。

让孩子离开"舒适区"，
在"舒适区"里长大的男孩没有未来

海豹突击队在训练时，不论进行到哪个阶段，随时都有可能插入一项"冲浪酷刑"。在这个过程中，形势总会愈演愈烈，而你不知道什么时候才能结束。教练会要求学员们手挽着手，一起走进冰冷的太平洋中，直到海水没过膝盖为止。

"坐下。"教练拿着扩音器喊道。接着，整整一个班的海豹突击队队员就会齐刷刷地坐到水里去。

"躺下。"指令刚一发出，全班同学就会立马躺倒浸没在水中，只剩指尖、膝盖和脸露在外面。

真正折磨人的是每次海水退下去，寒气就会袭来。所以随着冰凉的海水一遍又一遍地冲刷，你会一次又一次地体会到那种不舒服的感觉。那种感觉就像是跳进一个冷水池，却永远不许你适应它，而是不停地重复这种冰冷彻骨的感觉。

为什么要让海豹突击队队员们手挽着手呢？这是因为**当大家手挽着手时，决心和集体保护意识就会大大增强。**——这也

是人的生理反应。人在紧张或有压力的情况下，身体会释放出缩宫素（有时也称作拥抱荷尔蒙或爱的荷尔蒙）。这种激素由大脑底部豌豆大小的脑垂体分泌出来，能使我们对有共同经历的人增进感情，建立彼此间的情感纽带，因此为人们所熟知。人类的生存离不开其他同类。

这些活动可以帮助各个部队之间建立情感纽带，加深兄弟情谊。这些部队包括海豹突击队、绿色贝雷帽、陆军游骑兵、消防队和特警队，他们在极度重压之下彼此相互依靠。我在"魔鬼训练周"担任教练的时候，我们的训练是要求队员们坐在水里，但不允许他们手挽手相互依靠，结果发现他们很快就坚持不住了，像苍蝇一样跌倒在水里。**团结的纽带是队伍强有力的黏合剂；当纽带断了，团队的凝聚力也就没了。**

作为一位父亲，我将这一点铭记在心：紧张的环境有助于建立纽带。从孩子们一出生，我就经常陪着他们做运动——爬山，徒步旅行，在海里自由潜泳。我们一起花时间去参与一些高风险的活动，这样才能学会相互依靠，建立足以维系一生的情感纽带。

需要记住的是，我说的"高风险"并不是指把孩子们从飞机上扔出去或是类似的做法，只是让孩子们不要只在马路或操场这样的地方玩。我们常常只会走寻常路，这样就只会有平淡无奇的经历。

埃里克·布雷姆的《山中最后一季》一书讲述了一名失踪的公园管理员的故事，他在美国加州红杉国家公园工作。这是我最喜欢去的地方之一。布雷姆在书中说："据估计，在公园比较偏僻的区域，有 99％的游客会选择走指定的道路，而这仅在整个公园荒野面积中占了不到 1％。"这就是为什么每次我带家人逛公园时，我们都会找那些少有人走的路去走。我们努力去非同寻常的地方，走不同凡响的道路，这种模式带给我们全家很多美好的亲密时刻。

几年前，我们全家去当地一个徒步的景点爬山，我们沿着一条小路走了大约 400 米，遇到一段石阶路——实际上是一道干涸的瀑布。我们只能看到上面三分之一的部分，"台阶"从右边延伸到左边，再往下是陡峭的峡谷———一定是奔流的瀑布数千年来雕琢出来的杰作。

瀑布楼梯的每一级台阶都很陡峭，而当时我的女儿丽娅才三四岁，不过我随身带了登山绳和设备，所以我想我们肯定没问题。我以前还是我们排的登山领队，所以带队爬山这不是第一次。我们往下走，开始的时候很轻松。我们离开原先走的那条小路，进入一片泥泞的灌木丛，可以看到干燥的河床，瀑布就是从这里发源的。每个人都靠自己的力量行走着，一切都挺好的。

随着我们的队伍沿着瀑布的阶梯继续往下爬，这些花岗岩的台阶变得越来越陡，越来越高。于是，我们不得不一前一后地接着丽娅，把她一级一级地往下送。虽然台阶越来越高，但我们也不用拿绳子把丽娅先放下去。她站起来身子就是一条足够长的小绳子，我和杰森交替着，一个人抓着她的手往下放，另一个人在下面接着她的脚。杰森把丽娅放下来交给我，然后再迅速爬到我的下方去接丽娅。在爬到底部之前，我们都像运转良好的机器一样，一切进展顺利。

到了瀑布的底部，一块块岩石平得像一堵堵墙，一起拼接成了一个陡峭的小峡谷。我们一家人已经在这里度过了几个小时有趣的攀登时光，唯一的小插曲是我陷入了一个小困境——事实上我觉得我很可能会跌入峡谷。我命令他们每个人都到一边去，去我看不到的地方，然后我再往下爬。我不想让他们看到我从那个岩石墙面上滑下去。虽然从我所在的高度掉下去也不会摔死，但肯定会摔个复合骨折。我想为了孩子们以后还能好好爬山，最好还是别让他们看到自己的爸爸像条沙丁鱼一样摔到地上的样子。幸运的是，我很快就从那块危险的岩石上爬下来了，并没有出现什么戏剧性的场面。一切都还好。等到了我觉得容易行走的部分，我们反而遇上了点麻烦。

因为从之前的攀爬中收获了满足感，到了要返回往上爬的时候，我们决定选一条不同的路线，避开瀑布到另一边的山顶上去。当时还觉得这个想法挺合理的，甚至算是负责任的，但是慢慢往上爬就会发现有点勉强。小路变得越来越窄，外力侵蚀和环境作用使它一边已经接近悬崖。我们小心翼翼地绕路向顶端爬去，但在爬到大约一半的时候，我意识到万一我们一不小心脚下一滑，那等待我们的就不再是简单的擦伤或摔伤，而是死亡。是时候用上登山绳了。

毫无疑问，一切已经不再是游戏了，到了让你释放荷尔蒙的时刻了，你要做的是给孩子绑上登山绳来保护他们。万一他们有人摔倒了，起码不会死，而是会悬在半空，不过肯定会吓个半死。我的妻子贝利莎紧张得开始哭了起来，但她并没有完全失态，可能是怕吓到女儿们。整个家庭的氛围都变得严肃起来，感觉我们在做的不像是周末家庭徒步旅行，更像是一次救援行动。

接下来的一个小时，我们像一个谨慎工作着的团队，带着世间最珍贵的宝藏，从一道道裂缝上跨过。尽管整个过程我都确保着大家的安全，但依然感觉像是在鬼门关走了一遭。冒险永远都是相对的。

当我们爬上最后一个岩架，再往上一点就能脱离险境，我们总算走出了鬼门关。我们成功了。我朝狭谷的对面瞥了一眼，那是我们最初离开小路的地方，99% 的游客都会走的那条小路。我看到那里站着一家人，他们在盯着我们看。

"别担心，我们总是这样，"贝利莎说，"只是脑子进了点水。"

"没有，"那位父亲回答说，"这是我们见过的最了不起的事，你们简直太棒了，让我们见识了什么才叫团队合作。"然后，这个男人和他的家人就在对面坐下来看着我们，也不问我们需不需要帮忙。我猜，在旁人看来，一定觉得我们知道自己在干嘛。

最后，我们又回到了那条小路，回到了车上。我记得那天开车回家的情景都特别像一部史诗，不是因为我们战胜了身体上的挑战，而是因为我敢说我们一家人彼此变得更加亲密了。我们是一个团队。

"我本来是完全反对这么做的。一开始我们沿着河床往下走的时候我还不觉得担心，只是女儿们腿不够长不能自己爬，我们得帮助她们往下爬。然而，在往回走的路上，当小路开始在我们的脚下坍塌的时候，我既害怕又生气。我生气埃里克把我们带到这么危险的地方，虽然知道他也不是故意的，可事实是我们真的遇到了危险。我还不能表现出我有多沮丧，因为害怕吓到女儿们。我的心跳得特别快，很想大哭，可这样没一点儿用。我们只能一起想办法，借助我们的绳子和安全带往上爬。当我看到这样行得通的时候，我的恐惧消失了，但我还是生气我们被困在那个鬼地方。不过，好在埃里克是海豹突击队队员，懂得如何审时度势，知道我们要做什么，能让大家保持镇静，各司其职。那天我们能团结合作，共渡难关，这让我感觉很骄傲。这是我们家具有决定性意义的时刻。（不用说，这样的事当然不是最后一次发生，我们经常去徒步旅行都必须借助绳子来攀登。上次我们还带了狗一起去，特别好玩。）"

——贝利莎·戴维斯

冒险是相对的。对小孩子来说，极限不一定是骑着摩托车来个双后空翻。它也可以是你儿子站在峭壁的岩架上，然后你对他说："好了，现在身体靠在石头上，手松开，有绳子拉着你，我拽着绳子呢。"它还可以是骑自行车、玩滑翔伞、玩滑板，或者任何能让你的家人感到兴奋和新鲜的体力活动。做什么运动不重要，重要的是让你的孩子离开他们的舒适区。赶紧抬起屁股去户外吧。你的儿子会因此而感谢你，还有你的身体。

万一儿子和我喜欢的活动不一样怎么办？

我的孩子们都喜欢户外和一定程度的活动，但我觉得他们没有一个人像我那么需要活动。显然，我成功孕育了比我心理更稳定的后代。这就导致我和孩子在活动需求上存在差异，一家人在活跃性方面也因此面临挑战。

我的前妻斯泰西总是对我说："埃里克，这不是你自己的事。"她说得没错，这意味着我得花时间去做孩子们喜欢做的事，而不是永远期待他们去做我想做的事。我给儿子买过两架遥控飞机和一艘船，但却从来没让他玩过，而他也并不在意。我就是那个给自己买玩具的爸爸，只是在上面写上"给杰森——圣诞老人"的字样。

个人喜好上的差异确实存在，我们必须相互妥协。重要的是不要因为些微的懒惰而拒绝活动。我有很多次都是明知道儿子和我喜欢的活动一样，但是要真正把他请出门还是挺费劲儿的。他不想起床，不想收拾东西，不想出门，不是犯懒，就是迷上了打游戏或者看电视。

强迫孩子去做和轻轻推他一把，引导他去做效果完全不同。 在前面提到过我经常对杰森用的一招是：想办法先让他到场。我会对他说："杰森，你不用去冲浪，只需要带上你的东西，咱们一起去海滩转转。"等我们一到那儿，他就突然想去冲浪了。

在规划家庭活动时，一项重要的育儿技能就是学会辨别不感兴趣和没有精神。记住，这一点不仅对孩子们管用，对我们自己也同样适用。

赢得三叉戟要靠日积月累

你必须每天都努力为自己赢得三叉戟——海豹突击队的徽章。我记得当时海豹突击队第三小组有个哥们儿态度不端正。他脑子特别聪明，但是因为受了点委屈，就对排里领导有了意见，开始跟领导顶嘴。而当时他还在试用期。我和埃里克都经过了六个月的试用期才正式成为海豹突击队队员，真希望能回到那时候。在海豹突击队里。你可以有自己的观点，但你不能不讲道理胡来乱来。他就是一个例子。其他队员都不想和他共事，所以他被踢出去了，被遣回海军去了。要想成为一名海豹突击队队员，不能一味地表现自己，还要靠努力去赢取。

我有个朋友在美国国家冰球联盟打球——他可是真正的全明星——他告诉我那儿很多人都比他打得好，实力超群，但他们人品不好：大家都不喜欢跟他们一起工作或打球。侦察员也知道这一点，所以从来不选他们参加比赛。同样的道理也适用于生活和亲子关系。听一场音乐会并不足以让你陶醉或享受上好几天。你仍然需要每天都付出努力去维护亲子关系，你得教育孩子做个好人和好队员。

几年前，我带杰克森去海豹突击队的训练池，看到所有那些处于训练第一阶段的学员都穿着白衬衫在做俯卧撑。我低头看着他们，发现之前被踢出去的那个哥们儿也在那里。他必须把 BUD/S 全部重来一遍。他终于还是做到了，我想他肯定有所收获。他人品变得很好，名声也很好。不过，老天爷啊，要是让我在海豹突击队训练两次，那我肯定不干。

为父反思时间

◇　你在身体和大脑不活跃或刺激不够的时候都有哪些坏习惯？

◇　你的儿子在身体和大脑不活跃或刺激不够的时候都有哪些坏习惯？

◇　你同意健康对幸福生活至关重要吗？

◇　你一周的运动量有多大？

◇　下班后和周末，你都参加什么活动？

◇　在健身方面，你是如何给儿子做榜样的？

◇　你跟你儿子做过什么增进彼此感情的运动？

◇　生活中，你和儿子在哪些方面因为不活跃和智力刺激缺乏而受到影响？

◇　接下来你打算和儿子一起做什么运动？

第 10 堂课

尊重搏斗

让男孩懂得我们不惧怕搏斗，但搏斗是最后的选择。
任何环境中，首先应该识别威胁并规避风险

安全第一

在海豹突击队有一项名为"箱子训练"的肉搏战练习，会持久地影响你对待搏斗的方式，不论是哪种类型的搏斗。训练一开始，教练会把你带到一个大房间的角落，地上放着一个很大的白色箱子，形成一个独立的空间。房间里的其他东西全都是黑色的——黑黑的墙壁、黑黑的栅栏搭配着黑黑的窗帘，地上铺了一层重型橡胶。在属于你的箱子对面，有一面假的木头墙，上面开了一个门，特别像好莱坞电影里的布景。他们会跟你说，在你现在所站的箱子里——并且只有在这个箱子里——你是安全的，不会受到任何伤害。

"好了，埃里克，"教练对我说，"你的任务是从你所在的安全区域，穿过整个房间，然后从那扇门出去。没有时间和规则限制。训练从你遇到第一个威胁就开始了。来吧。"

我等着看会发生什么事，但一开始什么事也没有。我不知道接下来会发生什么，开始努力构思一个游戏计划，这时终于有五六个暴徒手持铁链和铁棒慢悠悠地走进房间。哦，我心里想，我明白了，看来今天有罪受了。这些伙计都是 X 部门的人。平时如果有海豹突击队队员想中途放弃，就会被送到这个部门挨一顿打，否则不能通过训练。这些伙计一般脾气都不好。

这些人都是搏斗教练们为了这样的训练演习专门从每个队里精挑细选出来的壮汉。他们一边向我步步逼近，一边开始对我进行言语攻击，而且态度越来越恶劣，侵略性越来越强。我的脑子里闪过著名喜剧演员朗·怀特的金句：我不知道这帮家伙会出几个人狠狠地扁我一顿，但我清楚他们打算用几个人对付我。是时候出击了。

我冲出去，一头扑向那群人，然后开始一阵乱打。然而，这群人全都戴了头盔，配了防护装备，所以一点儿也不怕我。他们把我挤过来撞过去，再把我推到墙上去。

这样的搏斗一直进行，直到我被这群人打得起不来了，一位教练才吹了口哨，叫我回到白色箱子里去重新开始。

"埃里克，你还好吗？"一位教练问我，"你还想再试一次吗？"

虽然我觉得再来一次我也不可能做得更好，但我还是立马回答说："啊，好啊，再来一次。"

哨声响了，我向他们冲了过去。我假装要打左边的人，结果转了个身去打我右边的人，他跌跌撞撞地往后退了一点。还没等我再给他一拳，后面的三位兄弟就围上来朝我的头痛打一番。

我又被打败了，回到了白色箱子里。

每次我都是一头冲出去开始打，然后被打得屁滚尿流跑回来。这样重复了好几次。大概到第四次或第五次的时候，我终于没有径直冲向那群人，而是一边喘着气，一边等着看能不能琢磨出什么更好的计划。这时，我注意到有一个人出去了。我朝那边张望，然后说："喂，那个伙计去哪儿了？"当 X 部门的这群暴徒回头往门口看的时候，我再一次冲了过去——然后再一次被打得屁股开花。

我回到白色箱子里，使劲想着新的作战计划，这时又有一个人出去了。教练对我说："埃里克，你现在有用不完的时间。记住，没有时间限制。"

好，我心想，我知道了，于是我马上又去攻击剩下的人，然后又被打了回来。我就一直这么来来回回，每一次教练都会提醒我有很多时间来完成这项训练。

突然，我想明白了：没有时间限制。

我决定就这么等着。过了一会儿，又有几个人离开了房间。等到剩下两个人的时候，我再去试了一次，但还是被他们打倒了。于是，我们又重来一次。

最后，我又进了白色箱子，直接坐在地上。不一会儿，一个人就离开了房间。接着，另外一个人也走了，我不解地看了看周围。教练大喊道："到门口去！"于是，我飞快地跑了过去，最后终于走出了那个房间。训练就这样结束了。

完成这个训练后，我在心里偷笑：这到底要干什么？我的搏斗水平一点儿也没有长进，而且打了半天最后都没有收个尾，那些人就那么走了。我这算是输了吗？所有的海豹突击队队员在完成"箱子训练"后，结果差不多都一样。搏斗教练解释说，这项训练的目的是教导大家——简单地说，只有一点：**无论何时你都应该让自己待在安全的地方。**

为什么这么说？因为任何打斗都可能造成死亡，任何搏斗都可能让你付出生命。"箱子训练"中的每一个暴徒都持刀或持枪。既然我知道那些袭击者没办法进入箱子，箱子里是安全区域，那我为什么还要走出去和他们搏斗呢？我们也可以把这样的格斗经验应用到个人生活中去。举个例子，假如说我们和家人正在逛商场，忽然看到停车场有一些可疑的人，那我们应该像海豹突击队队员一样英勇地冲过去和他们对峙，还是待在商场里保护家人的安全呢？他们会说，待在那里。万一我们在酒吧里碰上一些傻瓜想跟海豹突击队队员比试比试，那我们会真的冒着失去生命、变成残废，或是丢掉工作的风险去捍卫那些老套的所谓男子汉气概吗？不，他们会特别真诚地说，躲远一点。他们告诉我们，**在所有做过的搏斗训练中，"箱子训练"讲的是策略而不是反击，好的策略可能挽救过很多人的生命。**我们相信这话没错。

让自己变得更强大，不是因为仇恨，
而是因为爱

当我还是个红头发的小男孩时，脸上长了好多雀斑，看上去就像泥水溅了一脸的感觉，我于是成了大家经常欺负的对象。他们经常会用"羊屎脸"和"萝卜头"这样的字眼来骂我，有个傻瓜居然说我是"月经头"。此外，还会有一些轻微身体攻击，比如过于侵略性的打闹。有一次在教堂里，有个年纪大点的孩子用坚硬的拐杖糖在我头上狠狠地打了一下。

和其他大部分小孩一样，我也特别讨厌那些欺负我的人，讨厌那种软弱的感觉。但是，像大部分人一样，因为从来没人教过我怎么打架，所以我只能时不时地被他们欺负。等到长大一些，我才明白他们可能也不知道怎么打架。每当看到有人受到欺负，我就会犹豫要不要去保护他，又怕我会大打出手。

一直等我到了青春期，后来进了海豹突击队，慢慢掌握了搏斗的技能，变得越来越强大后，我才开始看懂那些恃强凌弱的人。他们并不强大，而是因为太懦弱得不到自己想要的东西，所以才会去伤害更弱小的人，抢走他们的东西。我明白了，只要我不愿意，他们就再也没办法强迫我做事或是影响我的感情。我自由了。

我在海豹突击队的时候，贝利莎给我买过一个标语牌，后来一直挂在我房间，上面还附了两枚三叉戟徽章。牌子上写着：

真正的战士打仗不是因为憎恨他眼前的人，而是因为深爱他背后的人。

——G.K. 切斯特顿

贝利莎之所以送我那个牌子，是因为她知道我再也不想让任何人将仇恨强加给我。小时候，我觉得战胜恶霸的办法就是变得比他们更强大。直到长大成人，我才意识到我已经做到了。

"去年，我大儿子杰克森的朋友被一个恶霸取笑了，我儿子为了维护他的朋友，被人打了一拳，脸受了伤。杰克森在学校是全优生，会吹低音单簧管，还是个运动员。他并不是专业运动员，只是个心地善良的好孩子，替他的兄弟挨了一拳。我对他说：'孩子，虽然你被人打了，但是你能为别人挺身而出，这很重要，因为你是在做好事。'我们俩就这件事愉快地聊了很久。他说：'爸爸，你说得对，这么做是对的。'他介入这件事是正确的，况且他本身并不想打架，我觉得他甚至都没有还手。他只是为自己相信的东西站了出来，所以我告诉他说，你这么做给其他人树立了一个好榜样，是一个值得坚持的好习惯。现在，面对儿子，我最大的挑战就是如何跟他谈关于性的事，因为他才 13 岁就交了个女朋友，把我吓了一跳。"

——布兰登·韦伯，前海豹突击队队员

力量等级

在海豹突击队的搏斗训练中，教练教我们如何根据敌人理应承受的打击度来使用三种不同等级的力量。

一级：柔和。动手，抓住，然后用较轻的力度去移动它，就好比要阻止两个人打架或将他们拉开。你要做的是控制局势以免问题升级。

二级：强硬。力度适中，一般就是打耳光、放倒和锁喉。如果你在酒吧碰上一个醉汉跟你杠上了还动手动脚，这时你理应出手打他。

三级：拼命。等到事关生死，让你变得不顾一切的时候，你可以立马使出三级力量，而你要是只用一级力量进行扭打，那对方就不会让步。三级力量意味着你必须马上结束这场搏斗！

希望那些比较强大的人或是陷入冲突的军队，能够遵循这些力量等级去采取行动。他们有责任去阻止局势升级。

赢得胜利的最佳途径是规避风险

我们把徒手肉搏战训练叫作 CQD（近距离防御）或 CQB（近距离作战）。组织这种训练主要是基于这样一种理念：任何打斗都可能造成伤亡。因此，当海豹突击队队员遇到敌人或反对者，很可能发生冲突时，他们会遵循一条特定的协议，以确保他们不仅安全而且能获胜：

◎ 识别威胁。

◎ 躲避并拉大距离。

◎ 阻止或阻挡。

◎ 寻求帮助。

◎ 防御。

识别威胁： 这也被称为态势感知。要当一名海豹突击队队员就必须不断对环境进行扫描。我周围的人们长什么样子？他们穿什么衣服？他们与环境相称吗？他们的态度是怎样的？有人看起来很关心我的样子吗？有人对我有威胁吗？当我进入一个空间，我会寻找最直接的威胁，确定我的方向使我对任何冲突都有备无患。这也就意味着我会离出口或入口很近。我的岳母米歇尔总是拿这个取笑我，她是一位足迹遍布世界各地的人类学家。有一次，我们全家去非洲的苏丹旅行。她看到我的样子就告诉我没事，让我放轻松。我解释说我并不紧张，我只是会习惯性地带着一种战略思维去扫描和察看我周围的环境，就好像摄影师会时刻带着美学思维看世界，会习惯性地注意灯光和色彩。我会习惯性地注意武器和意图。这都是艺术！我觉得她不会相信我的话，不过我还是坚持认为，你不停地四顾并不意味着你很紧张很不安。

躲避并拉大距离： 不论你身处什么样的环境，一旦你发现有任何异常，比如一个行动可疑的人或者有任何不对劲儿的地方，你的第一道命令就是离开那里。**如果你能正确识别威胁，**

那么大部分的打斗、危险和冲突都是可以提前避免的。在海豹突击队执行的大部分任务中，我们都要避免接触。也就是说，我们要悄悄进出不惊动任何人。被发现通常都相当于宣告行动失败。因此，任何情况下当我发现反常现象时，我都会离开——就像是一次有前瞻性的"箱子训练"。人们往往觉得因为我是海豹突击队队员，所以我就应该去搏斗。事实恰恰相反：因为我是海豹突击队队员，所以我应该获胜。而通常**赢得胜利的最佳途径不是去打斗**，尤其是在事关别人的时候。一不留神你就会惹祸上身。

阻止或阻挡：我们都知道，有时候不管你使多大劲儿去避免麻烦，麻烦还是会找上你。如果你是在战术性局势中，那就用你能找到的任何东西——桌子、门等，来掩护你自己设置阻挡物的观念是我们从"箱子训练"中学到的。那个白色的箱子就代表着一个掩体。我可以就简单地待在商场或是商店里。记住，安全是你的第一原则。

如果在学校里碰上一个恶霸，你可以躲到好朋友们身后寻求阻挡，或者找来一位成年人。我教育孩子们，恶霸就特别像是跑到你们学校来的野兽。对付恶霸不是孩子们的任务，他们也没学过如何用安全有效的办法来对付恶霸。我希望学校能保障孩子们的人身安全和情感健康，这是学校的工作。

寻求帮助：海豹突击队队员总是希望能将事态扭转到对他们有利的地步。我们从不指望打一场公平战争。虽然整体人数少，但我们学会了部署战略和运用科技来确保成功，有透视黑夜和高墙的技术，有强大的陆军游骑兵和空军伞降救援队组成的 QRF（快速反应部队）作为后备力量随时待命，准备救我们于危难，所以我们可以随时随地请求支援。

多年前泰勒小的时候，我带她到操场上去玩。有两个小男孩正坐在地上玩沙子，一个大约有 6 岁，另一个可能有 4 岁。不知什么时候，这个年纪小点的男孩把大男孩的玩具卡车给拿走了，跑到一边自己去玩。大男孩显然很沮丧，跑去找他的爸爸帮忙。这个小男孩需要学习怎样解决问题和与人沟通，而大男孩需要学习如何化解冲突。这个男孩被人抢走了玩具卡车显然已经是被人欺负了，他如何处理这件事将会为他在未来的人生中如何处理与他人的冲突奠定基础。我记得我当时还在想，哇，这可真是教育孩子的大好时机啊。不幸的是，两个男孩最后啥也没有学到。

"不行，你不能让任何人把你的东西拿走！"大男孩的爸爸这样对孩子说道，"你过去找他，直接往他脸上揍。如果你现在学不会保护自己，那你一辈子都看不住自己的东西。"

我赶紧拉起泰勒的手离开了。等我们回到停车的地方，我回头看了看操场那边，只见大男孩在用攻击和打斗来解决一个本来非常简单的问题。在场的两位父亲本来都有机会教给儿子最有效的解决途径，但他们都没有那样做。**在某些方面，我们的文化教育人们要通过侵略来解决自己的失望、愤怒、恐惧和失败等问题，于是大家就形成了一种向前冲的自动反应，以至于即使这样毫无意义，我们也还是会这么做。我们就像是愤怒**

的小狗，不假思索地乱叫，见到路过的大狗也会咆哮。在局势升级、即将发生暴力冲突的情况下寻求帮助，并不仅仅是说你要找个高大的人来保护你，你也可以找个聪明的人来教你如何依靠自己解决问题。**海豹突击队的训练教会我一个道理：只要你还剩一点才智和／或自制力可用，就不要动用武力。**

防御：搏斗并不是总能避免的，因此有时候我们必须为冲突做好准备。凡是搏斗都可能造成伤亡，鉴于有这样的准则，海豹突击队对待搏斗非常认真。假如一个恶霸要打你儿子，孩子已经用尽了所有的才智和技能，躲避、掩护、求助统统试过了还是不行，那他可能就别无选择，唯有一战了。记住，**搏斗是你的最后选择**。它通常都是智力耗尽的结果，它意味着你已经使出了所有聪明才智和独门秘诀来控制局面，可惜凭你的能力还是不足以解决问题。绝对不要让搏斗成为一种默认设置。

我的儿子杰森断断续续练了很多年武术。他很聪明，反应敏捷，身体强壮，却也很少与人搏斗。在这方面要我来说的话，我八成会告诉你，每个人都应该学习如何搏斗，不过这事真的还得看你自己。要想学会有效地搏斗需要花很多时间来训练，这就是一项所谓的容易退化的技能。虽然我可以理直气壮地告诉你们，**不论在任何环境中都要有警觉意识和规避风险的意识**，但我却没有把重点放在这里，因为假如不提醒你们世界上有很多险恶之事，我会觉得过意不去。我经常会说，一个人撞上所有坏事的可能性小到可以忽略不计，但要是说他一件坏事也撞不上，我觉得，这个概率为零。

　　"埃里克有着非常务实的育儿观。他看得很远，会根据可能发生的情况来做决定。他在书里说，每一个决定都可能会威胁到生命，所以做决定并不总是那么简单。记得很多次在遇到琐碎的小事时，我都已经做得非常恼火了，而他却还能坚持一直做下去。只有他一个人能做到。他很有前瞻性，能看到我们大部分人都看不到的东西。我觉得这得益于他在海豹突击队接受过的所有训练，海豹突击队队员总是在寻找可能出错的地方，他们知道小细节可能会毁掉整个行动。他把目光放得很远，并不总是停留在眼前，这样真的超级打击人——尤其是你到最后发现他是对的！他总会制订一套完美计划，如果事情按照预期发生了，那很好；如果没有，那我们可以再做调整，回归正轨。面对孩子时，他并不是超级虎爸，也很少给他们施压，反而是我在家里常常"唱黑脸"。但是，一旦爸爸不得不介入进来，大家就知道真的完蛋了！最让人发疯的是，他对任何事任何人都能耐着性子袖手旁观。我觉得这都是因为他当过狙击手教官的缘故。他的忍耐力和对周围的一切视而不见的能力简直大到荒谬的地步。一旦他决定必须做一件事了，那就等着瞧吧，不管是什么事，他肯定能办成。"

——贝利莎·戴维斯

只有真正的搏斗才会教你逃跑

　　我总会遇到一些情况，使我不得不去评估潜在的威胁程度和威胁具体化的可能性。有一个很恰当的例子：我们刚刚去加州圣克鲁斯东部的红杉林露营了两天，同行的有我们的好朋友斯科特、奥布里·西摩，还有他们的孩子。这两天里，我们互相依靠，一起披荆斩棘，攀岩徒步，用登山绳和安全带打着大大的绳结，在半空中拉着我们的孩子前进。

　　在出了大山准备回家的路上，我们决定顺道去圣克鲁斯著名的木板路上走一走，同时找一些食物来吃，所有的装备都还放在车上。当我们朝着停车的地方往回走的时候，我发现有个人正在我们的皮卡车厢后面翻东西。我的意大利妻子和我朋友的红发妻子，这两个长得很漂亮的小个子女人同时嚷道："嗨，你他妈的在我们车里干什么？！"——她们当着四个孩子的面爆粗口，而孩子们纷纷朝那个人的方向探着身子。就在这时，我赶紧伸出手来阻拦想让他们全都转过身去。从战略上来说，我们一群人才刚刚发现敌情，要在短短几秒内就开始防御——这并不是最佳时机。可惜我们现在引起了他的注意，全都介入进来了。

　　两个女人走在我前面，我没有时间和机会让大家全都转过身去，所以斯科特和我冲上前去，叫她们和孩子后退一点。幸运的是，不管这个家伙是想偷我们车里的东西，还是想干什么坏事，都已经不可能了，因为他已经被我和斯科特，还有两个漂亮女人给包围了。他什么东西也没拿，没有变得被动，所以我和斯科特命令他赶紧离开。

　　事后，大家都有点不解，为什么我当时竭力要让他们都转过身去。想想看，斯科特身材很不错，我也很有精神，我们俩完全可以保护大家，怎么能让别人靠近我们的东西？否则，正义何在？当海豹突击队队员的意义何在？正好孩子们都在，这时候我就要给大家讲讲"箱子训练"了——如果你在安全的地方，那就待着别动。那个男人可能带着枪，可能带着刀，可能他有同伙儿就在远处看着，随时准备过来帮他。他被困住了就可能变得很危险。**我告诉孩子们，最要紧的不是害怕那个人拿走我们的东西，而是要保护我们家人的安全。全局意识很重要，所以要跟坏人拉开距离然后报警。**

　　在这个例子中，我们经历了一次失败的训练。我从没教过我的家人遇到这样的情况该怎么处理，我也没能提早发现威胁好把他们引开避免全部介入。通常，我都会提前发现这些情况，在家人还不知情的时候就把他们全都引开，而不是像这个例子里的情况一样，在这个例子里，我太过自满了。正因为这样，我们才会离那个男人那么近，使他有机会决定是否发生身体暴力行为。因为他很有可能会对我们发起攻击，所以我决定快速向他逼近才更有效，这样就算他只是打个喷嚏，也有我隔在他和我的家人中间。于是，我就处于一级力量模式，变成了一个入侵者。

　　海豹突击队的搏斗训练经验使我们仅凭直觉就能知道进攻

和撤退的时机与方向。在训练中，搏斗教练总会让我们以不同
距离跟袭击者面对面站着，然后轮流做出第一个动作。这锻炼
了我们评估威胁距离的能力，使我们学会如果我们的第一个动
作是逃跑，那就会占据极大的优势。

不要跟笨蛋待在一起

人们经常教育孩子们，为了安全要待在集体里。这
个建议不错，但前提是你的孩子不要跟一群笨蛋混在一
起。我们遇到的麻烦往往都来自身边的人。我就碰到过
很多傻瓜一样的朋友。每次我都告诉他们，如果下次他
们再控制不住局面而打起来，那我可帮不了他们了。你
最不想看到的就是你儿子因为他的朋友而陷入一场对峙。

当我在箱子里看到那些彪形大汉手持铁链和铁棒走进来
的时候，我想也许这个训练就是要看我敢不敢打。我想教练
一定是在考验我的勇气。因此，我冲了出去，不是因为我有
什么技巧和策略，而是因为我觉得就应该这么做。

12岁的我只听到一个声音：击球，戴维斯，你能行，别
害怕。如果我不上去打那些坏蛋，不向那些彪形大汉冲过去，
就会害怕听到搏斗教练对我说：你为什么不往前冲？那天我
被打得很惨，因为我不像是一个久经沙场的海豹突击队队员，
而像是一个没有经验的小孩子。我任凭自己被人欺负陷入危

险的境地，不是因为我没有别的选择，而是因为我不知道我还有别的选择。

尊重搏斗是关乎权利的事——影响周围环境的权利和选择的权利。这是在教育我们的孩子如果遇到冲突应该如何去处理，是在向他们传授处理冲突所必需的知识和技能。

我是一名不喜欢打斗的海豹突击队队员，我觉得这样没什么不好。我为什么非要打斗？有一种人能够解决和处理别人所不能应对的冲突，我们把他们叫作和平卫士，我就想成为那样的人。比起那些开着驱逐舰出海航行，随时准备为下一场战斗付出生命却永远看不到希望的海军战士，他们一点儿也不被动。从操场到战场，我们的世界充满了各式各样的恃强凌弱之人。这些浑蛋根本不值得浪费你儿子的时间。通过躲避、远离、阻挡和求助，就完全可以剥夺他们的势力，使你的儿子不仅安全而且还能掌控局势。

我教育杰森不要当受害者，让他自己选择何时开战，为何而战。对杰森来说，这么做不仅是为了保护他自己或家人朋友的安全，同时也是为了保护周围每一个人的安全。**当我们的儿子学会了尊重搏斗，别人才会懂得去尊重他。**

拉瑞·亚奇：自我调节是一生的功课

我小时候又小又瘦，身体单薄，所以总是被人欺负。从小学二年级到五年级，再从高中一年级到三年级，我都被欺负得很惨。我很早就知道打架一点也不难,我经常打架,给自己惹上麻烦。但是,打架从来都不能让我免受欺负,只能让我在一小段时间不被欺负。真正让我不再受人欺负的反而是当我不去回应的时候。即使有人嘲笑我,我也不去理他。如果我表现出一副无所谓的样子,他就觉得没意思了。欺负一个没有反应的小孩一点都不好玩。那样的经历使我明白,赢得胜利的方式不是只有打斗一种,还可以通过自我调节来控制自己的反应,不让恶霸得到他们想要的东西。这样做起来很困难,因为他们说的话常常会伤害我的感情。

重要的是,我们要教育孩子,周围的每个人都会对我们的生活有不同程度的影响。比如,我们的父母对我们有多年的养育之恩,直接影响我们的生活,而大街上和网上的陌生人从来不会关心我们,对我们没有直接影响。作为父母,我们必须让孩子知道,他们自己可以控制外界评判的力量。教他们学会重视那些关心他们的人对他们的评判,忽略那些不关心他们的人对他们的评判。这种从心理和情感上进行自我调节的行为应该坚持一辈子。

在过往的生命历程中,我很善于自我调节,因为我不是个优秀的运动员,所以不管碰到什么事我都会去自我调节——在训练中,在摔跤队里,在碰上恶霸时。所有的困难都在锻炼着我自我调节的"肌肉"。我告诉别人,我真的在上七年级的时候就进了海豹突击队,因为从那个时候起我就竭尽全力去锻炼我的运动能力，结果很有成效，让我足以去应对海豹突击队的训练。在我上七年级的时候，脑子里之所以会萌生加入海豹突击队的想法有两个原因：

1. 我发现要想没人能欺负我，更重要的是，要想铲除全世界的恶霸，最好的办法就是成为海豹突击队队员，因为海豹突击队的打击对象，尤其是现在，绝对都是恶霸，都是那些使用强权去伤害那些权力较小的人。我不能容忍恶霸的存在。

2. 那些年里，很多小孩都说我没用，后来那些受人欺负的岁月已成往事，可那些凌辱的话语却留在我的脑海久久无法忘却，使我常常不安地想，也许那些恶霸说得没错——你可能就是没有价值的，你可能就是很没用，你可能就是很软弱。为了证明我自己，我加入了海豹突击队，不是证明给别人看，而是给自己看，证明我是有能力的，我是很厉害的，我是一个有价值的人。

想同时做到两件事，既能完成世界上最辛苦最艰难的一件事，又能去追捕那些肆意杀人的恶霸吗？我想这么做，所以我加入了海豹突击队，指引我走向正确的方向。

为父反思时间

◇　在阅读这一章之前，你如何看待避免搏斗的做法？

◇　现在你如何看待避免搏斗的做法呢？

◇　列出一个人在动手自卫之前应该做的四件事。

◇　请定义权利。

◇　用搏斗的五个阶段来描述一下你的儿子在学校可能会如何对付一个恶霸。描述这几个阶段如何能给他力量和信心。

◇　你会如何对付恶霸呢？你在路上被人拦住会怎么做？有人在公共场合朝你大吼大叫，你怎么办？

第 11 堂课

尝试、冒险

趁男孩还小、还经得起摔倒的时候让他去冒险、去摔倒，

否则当他变成你手中的牵线风筝时，一切都太迟了

带男孩去冒险，重拾父子亲情

在我 16 年的军旅生涯中，我要么是在去训练的路上，要么就是外派数月执行秘密任务，家里人已经习惯了。2008年，我离开了海豹突击队，那时我非常想重新定义我和子女之间的关系，和他们加深感情，最终和他们度过一些黄金时光。

很遗憾，他们似乎还没有准备好。

虽然我和孩子们确实待在一起，但他们却总心不在焉，忙于自己的男朋友、女朋友、工作和作业，这让我非常困

扰。我和我儿子杰森几乎一个多月都没说过一句话。感觉我们从未相距这么近，但我们的心却从未相隔这么远。

我试着从正面引导，跟上他的脚步却不步步紧逼，用父子之间的交心来拉近我们之间的距离，但都无济于事，我们之间仍然存在着距离。如果这个距离很长时间都没有拉近，那你费尽心思建立的密切关系就会归零；或者更糟的是，父子之间产生隔阂。而我需要做的，就是在我们的密切关系归零之前注意到并承认这一点。我必须马上采取行动。

因此我花了不少时间想和杰森的关系变得亲密，我知道这样做很有效，到了行动的时候了。我需要抛弃日常生活的纷扰，把孩子带出家门，重拾他的冒险精神。在杰森18岁生日那天，我带他去了内华达山脉一带，想把他扔下悬崖。开了6个小时车，我们到了国王峡谷国家公园，这个公园里有世界上最大的树。几千米之外我们发现了一条土路，上路开了几千米。这条路崎岖异常，只有四轮驱动越野车才能开动。但我不想就这样算了，我想开到别人开不到的地方，我想要一次真正的冒险。如果我们的车卡在路上，只能靠步行，那也无所谓。不论怎样，我们的旅行都会是令人难忘的。

又开了两个小时，我们发现了一座看上去无法攀越的山。于是我们朝它开去，发现我们脚下是一座美丽的山峰，俯瞰是一片美丽的树海、无尽的山谷和遥远的悬崖。我走出车门，站在杰森身边，希望奇迹会发生；我希望他能再次把头靠在我的肩膀上，说"我爱你，爸爸"，就像他小时候每次我从远方回来带他出去玩一样。

突然，不知从哪里传来一声巨响，就像子弹从头上飞过时发出的超音速响声一样。训练的场面立刻浮现在我脑海中，就像是我们正在与国王峡谷中一群以红杉树为目标的恐怖分子周旋一样。我扫视周围环境，又传来一声巨响，此时一个画面映入眼帘。

"杰森，"我说，"看，树倒了！"

就像是慢动作场景一样，一棵巨大的红杉树像沉船一样倾倒，加速倒向地面。撞到更坚硬的红杉树后，它被劈成两半。在那一瞬间，我和儿子之间的隔阂一下子消失了。我们从埃里克和杰森重新变成了父子。大自然又给了我们一次共享的经历。

我们回到车里继续前行，我们注意到视野中的花岗岩消失了。又攀岩了几分钟，花岗岩重回视野，那是一排完美的梯形花岗岩墙，就像延伸到世界尽头一样。当时天色已晚，我们决定在那儿吃晚饭。在那无边的边缘待到天亮，不管身边就是悬崖峭壁。我常常觉得奇怪，为什么人们愿意在好吃的餐厅花上一个小时等餐位，却不愿意在野地里开上十几公里，花上 7 美元在大自然中吃上一顿背包餐。总是待在温室里并不是个好习惯。

我们吃完饭支起帐篷。这片红杉树中并没有光，也没有声音，于是我们决定在车后搭起一个半露天的住处，睡在星空之下。我知道露宿并不算是什么极限运动，甚至不怎么让人觉得激动，但只要你不经常露宿，这种陌生感会拉近你和周围人的距离。好像你们需要依靠彼此才能保证安全一样。

第二天，我们出门寻找攀岩或者绳索下降的路线，检查我们的登山设备，寻找锚点，打好结，帮杰森系好登山安全带。所有这些都会重拾我在杰森心中的形象，权威、掌控，最重要的是值得信赖。不论你的孩子在 YouTube 上看过多少视频，如果他在只有父亲帮助和鼓励的情况下攀过悬崖的一端，那么你就是最酷的父亲。

随着我们的孩子接近成年，他们会变，他们的需求会变，我们对他们的约束也应随之改变。在我和杰森的探险经历结束之后，我们之间的关系被重新定义了：我们不仅是父子，也是朋友。随着他们开始创造自己的生活，我们还是希望能与他们保持开放的沟通方式，自由地传递给他们爱、信息和知识。

人们很容易会想做些极端的事情或者是花大钱的事情，或者是花很多很多大钱的事情，以此来创造他们与孩子之间的回忆。但实际上是没有必要的。比如就在几周前，我和战友带着他的儿子和我的两个小女儿艾拉和丽娅去远足。我们驱车 30 分钟去了一条附近的小路，走了 3000 米，拿出一个背包里装的小炉子开始做午饭。当我们快要做好的时候，战友 12 岁的儿子抬起头对他笑着说："这是我做过的最好的一顿午餐了！"

我看着我战友，微笑地耳语道："哥们儿，一切都值得了。"

到户外一次就可以让我们的孩子产生这样的反应。带上两个水瓶和一些什锦杂果就可以上路了。对于我的家庭来说，大自然的力量能带给我们快乐和最珍贵的记忆。大自然她并不需要特殊的技能或者玩具，你要做的一切，就是走出房门，走进她的怀抱。

> "那棵比我岁数要大的红杉树就在那一刻倒下了，带动了不少它旁边的小树，倒向地面。我爸爸看着我说：'生日快乐，儿子！'那真是我最棒的一次露营，到现在为止都是我最喜欢的一次生日。"
>
> ——杰森·戴维斯

"痛击"障碍

在海豹突击队服役时，越障训练是每周必有的。越障训练在距离太平洋岸 180 米处的软沙上进行，共有 24 个障碍，包括双杠、轮胎障碍、一面矮墙、一面有绳子的高墙、在有刺铁丝网下爬行、网墙、平衡木、障碍横木、横爬架、爬行绳索，还有一面很高的墙，墙上装有横着的平板，使训练者在攀爬时悬在一侧。这个训练的目的是增强训练者的力量、技巧、平衡能力以及坚韧的品质。

我每经历一次越障训练，都觉得自己更加坚强、更有勇气、更自信了。通过一次又一次的训练，它从一开始让我感到困扰，感到可能会跌倒摔死，到后来我便能轻松应对，不假思索地通过道道关卡。随着时间流逝，越障训练使我发生了变化——我的抓握变得更有力，我的自信心也增强了。在海豹突击队，我们把越障训练叫作"痛击"（attacking）障碍，这种态度将使我终身受益，而我也确保这将会使我的孩子们终身受益。

你可以做到

越障训练中有一个特殊的障碍叫作"臭名昭著"，是两个顺序排列的水平横木。横木非常高，而且分得很开，大多数人在一般情况下都不能完成跳跃。包括我在内的很多海豹突击队的学员第一次都不能完成跳跃。因为如果想完成，训练者必须克服所有空间、距离和高度的障碍，也必须把自身安全置之度外。你必须不顾一切地尽可能将身体向高向远伸展。想象着进入海豹突击队对大多数人来说是一生的梦想，而现在你和海豹突击队只有那一根横着的原木的距离。你别无选择，只能不断让你的身体去接近那根横木，在这样做的过程中，你就会无比憎恨那根横木，给它起所有难听的名字。

终于有一天，很多教官会一起看你完成这一项训练，根据你完成的程度和当天的情况，他们可能会嘲弄你，指导你，同情你。因为这项训练中并没有什么技巧可言，因此他们也不会怎么指导你。他们能做的就只有确保你不断尝试，确保你做的都是对的。完成这该死的项目需要信心和永不言弃的态度。对我们很多人来说，我们没有别的选择，只能不断调整呼吸，希望自己能坚持住。最后有些人做到了，但有些人却没有。**努力并不一定成功，但却能让我们知道我们未必失败。**

让男孩自己去冒险，去选择自己的路

当泰勒和杰森还小的时候，我和贝利莎总会带他们来做越障训练的场地锻炼，也会带上我们的德国牧羊犬佐伊。我记得基地警察会走过来说不能带狗来沙滩上，但当他们得知我曾是海豹突击队的队员后，他们就会说："那你们想怎样都可以，过得愉快。"泰勒和杰森可以说就是在越障训练中长大的。他们会自己通过一些障碍，我们会帮着他们通过一些其他的障碍。我不会让他们独自通过那些危险的障碍，因为如果他们跌下来可能会摔死，所以他们只会去通过一些简单的障碍，即便掉下来也不会有很大的危险。我很怀念那个时候我能让他们远离危险障碍的日子。

作为家长，最艰难的部分就是看着泰勒和杰森渐渐长大成人。我和贝利莎、斯泰西都会帮他们成长，体会失败，但我们总是在他们身边扶持着，以防他们跌倒在地。我们会将他们的失败大事化小，帮助他们建立信心。我们可以告诉他们"不行，这个太危险了"，或者"下来，你会受伤"之类的话。如果他们做出了错误的选择或者惹了什么麻烦，我们还可以行使家长的权利，介入他们的事情来帮他们解脱。他们仍然有时间去学习。

现在他们长大了，决定都要自己做了。我们再也不能阻止他们做那些太过冒险的事情，或者像过去一样告诉他们"从那儿下来"之类。他们需要自己去做选择，去经历他们自己选择的后果，而这些选择都是未经过我们筛选的。我们将这个阶段称作他们训练的"验收阶段"或者"完结阶段"。**我们现在给他们的所有支持，都会妨碍他们增强未来生活之战中所需的技能、力量、自信和勇气，包括金钱帮助，以及提供他们现有教育水平和技能所不能享受的生活，这会给他们一种错误的安全感，并且产生危险的傲慢感。让孩子置身越障训练，用"线"牵引着他们，手把手帮着他们越过障碍并不是在帮助他们，而是在害他们。这样他们将不能通过越障训练来锻炼身体，增强韧性和耐力。更危险的是，他们也将无法了解自己的潜能，不知道自己能做什么，不能做什么。他们的生命中也将失去自己可以做选择的机会。**

随着孩子们长大成人，他们需要去走自己的路。实际上，孩子们想去的地方，做父母的都未曾去过，你们只是一起走到某个点而已。如果他们想走一条路，而你的经验告诉你这条路是错的，那你也要由他们去，希望他们一直记得你多年来教给他们的经验。是时候来检验他们自己的能力了。

我们会遇到这样的成人，在他们成长的路上一直受到父母的扶持，一出生就过着依靠别人的生活。他们似乎不能靠自己来生活，总是需要别人帮忙。他们会做错决定，并且容易受到伤害，他们从来都没有真的长大过。有些时候，我们需要**切断这根连在子女身上的"线"，就让他们从高高的障碍上落下，狠狠地摔到沙地上，当个海豹突击队指导员口中的"沙飞镖"。我觉得就该趁他们年轻还经得起摔的时候让他们摔倒，不然就太迟了。**

> ## "纸爸爸"
>
> 　　当我还在狙击手学校的时候，指导员就跟我们说不要做"纸老虎"，这指的是有些人从狙击手学校毕业后，虽然叫作"狙击手"，但却没有保持或者发展他们自身的技能。我想"父亲"这个词也是一样。父亲作为儿子的引领人和知识的来源，也要不断地进步。如果没有进步，那么我们也只是"纸爸爸"而已。

回到原点——家

　　直到我动笔写这本书的时候，我才意识到我有太多时间没有和我最年长的孩子泰勒和杰森在一起了。当他们 18 岁的时候，我和斯泰西、贝利莎开始慢慢地放手，让他们开始过自己的生活。但我们很快注意到，他们会做些错误的决定，这将会导致他们得到不想要的结果。我们希望孩子们理解那些在失败中吸取的教训，这样他们才能继续成长。就好像他们摔断了腿，我们想做那个让他们好得更快的人。我们意识到这个时候我们要重新做回家长了。这个时候我们该回到家，回到原点，回到那个当我们在外面遇到困扰都会回去的避风港。

他们现在都是成年人了，因此我们的指引和教导就需要从他们的角度出发。他们小的时候，我们可能只需要改变他们所处的环境，或者是直接命令他们开始或者停下做什么事情。他们有权利做出自己的选择了，已经不再像从前那样。**我们需要做的不再是让他们做什么不做什么，而是帮助他们观察自己的行为所产生的结果。我们可能并不同意他们的选择，但是我们一定要在他们做决定取舍的时候支持他们。**

在海上、空中或者陆地的任何一次旅行中，我们叫它"找到自己的定位"，也就是说找到自己在地图上的位置。你需要判断你的方向，确认这个方向是否会带你到想去的地方。我记得泰勒有一次因为自己的原因而陷入了经济困难，之后努力打了两份工补救。我记得杰森曾经站在多重职业选择的分岔路口，他很快意识到，任何作为都比不作为要强，因此他按部就班地采取行动。看着他们两个体验生活和成功，毫无抱怨和犹豫地从失败中走出，我别提多骄傲了。他们不是要做出完美的决定，而是要从他们所做的决定中学到东西。只要他们在进步，那他们便是不可阻挡的。

重拾父子亲密关系，永远不晚

　　我偶遇多年不见的海豹突击队战友，我们会一起去酒吧喝啤酒。坐在吧台前，他会伸出手搂住我的肩膀。这是因为虽然我们相距甚远，而且多年不见，但我们在海豹突击队一起训练，一起做事，成就了一辈子的兄弟情。我们有着共同的开始。

　　父子也是一样，他们有着共同的开始。从儿子还在襁褓之中这种父子情谊就开始了，一直到儿子成年。我感觉在过去的20 年里，我一直在和杰森一起长大，我希望能够跟他一起合作，引导他。那遥远的经历只是一个开始，在余生中我们还会一起走过这段旅程，引导、学习、进步，因为我们都还有很长的一段路要走。

　　如果说通过这本书我想告诉你们什么，那就是绝对不要这样想："这家伙真会教育孩子，可我搞砸了！我的孩子们都走了，他们上大学了，是成年人了，他们都有自己的孩子了。"**重新建立亲密关系永远不晚，重新进入他们的生活永远不晚，回到原点永远不晚**。跟他们说"我爱你""对不起"也永远不晚。犯错误最好的解决办法就是寻找解决方案，或者是赎罪。第四个阶段是永远的。我们仍在为人父，为人母。赶快行动起来吧。Hooyah（呼呀）！

杰森·戴维斯：爸爸和朋友

因为爸爸退役了，这几年我和他的关系变了不少。当他还是海豹突击队的一员时，他更像是一个"远距离爸爸"，我并不会因为他错过了我一个又一个生日而责怪他。我有时候看电影，里面那些英雄警察的儿子们因为爸爸成天不回家而跟爸爸发脾气，我会因此有点生气。我爸爸不仅晚上不回家，有时候六个多月都不回一次家。但我却从来不因为这一点责怪我爸爸。我不会像电影里的孩子们那样告诉他我有多生气，我知道我爸爸奔波在世界各地，而我们知道的消息却只是他在哪个洲。但在我的眼中，他拯救了世界。随着我不断长大，当我看着我们周围的环境如此安静美好，我就会感觉到这都是我爸爸和他的兄弟，还有很多像他们一样的人的功劳。

听起来可能不错，但实际上也是有点困难的。每次爸爸离开家，几乎家里的人都会掉眼泪。当然，我会为了我的家人而保持平静，我会觉得有必要这么做，而爸爸也会让我照顾好姐姐妹妹。我想这也是我现在能够控制好情绪的原因吧。

现在我已成年，爸爸对我来说既是父亲，也是朋友。根据我们思考事情的智慧，这两个角色可以自由切换。我父亲的建议和知识是我所知的最好的东西，现在，如果他向我发出了什么指令，我都会立刻照做，不论这个决定是否冒险。因为我相信这对我来说一定是最好的。

为父反思时间

◇　"纸爸爸"是什么？

◇　当孩子遇到障碍的时候，你会帮他们还是会让他们自己
　　解决？

◇　在何种情况下，你帮助孩子太多会阻碍孩子的成长？

◇　如果你和孩子的关系变得疏远，你要怎么做才能拉近你和
　　孩子的距离？

致　谢

魔鬼训练和写作出书其实是两码事，如果没有写作团队的支持，我不可能走到今天。

贝利莎：感谢你，我的伴侣、朋友、知己兼道德导师。感谢你始终鼓励我前行；感谢你在我不在的日子里独自一人照顾家庭；感谢你始终相信我。我爱你。

斯泰西：初为父母时，我们过于年轻，必须边走边学，感谢能同你一起进步。不管我们之间发生了什么，我们对孩子们的爱始终坚定不疑；更重要的是，我们依旧是朋友。很幸运，孩子们有你这样的母亲，我和贝利莎有你这样的朋友。

泰勒、杰森、艾拉及丽娅：我曾经梦想着成为一名父亲，但直到有了你们，我才真正懂得父亲的含义。感谢你们始终信任我，并听从我的指引和指导。和你们在一起的每一天，我都充满感激，也为你们每个人的成长深感自豪和骄傲。每一天，我都怀着感恩之情，努力成为一位称职的父亲。我爱你们。

马克·雷斯尼克以及圣马丁出版社的团队："我力挺我们的军队"，多数美国人会不假思索地说出这句话，但都不会付诸实际行动。因此，感谢你们真正实践了这句话。美国民众有权知晓军队里发生的一切，谢谢你们给我们一次发声的机会。

蒂娜·桑托利：感谢你总是在适当的时候联系我、督促我坚持下去；感谢你相信我，鼓励我讲出更多故事；感谢你不厌其烦地听我的电话，回复我的邮件。你的乐观和坚定的信念，对本书的出版做出了巨大贡献。

艾伦·斯戈达托和斯通桑：感谢你们一直以来的默默付出，感谢你们在出版过程中给予的指导，感谢你们成为我坚强的后盾。

父亲母亲：幸好我是个俊俏的、有一头漂亮红头发的男孩，否则你们可能会抛弃我。感谢你们始终鼓励我；感谢你们耐心地在泳池旁看我游泳；感谢你们带我露营、钓鱼、登山；感谢你们懂得我的兴趣所在，当我逃课去冲浪（逃过一两次，但有时候每天都去），你们给予理解和原谅。最重要的是，感谢你们始终让我感觉到被爱。没有你们的保护和支持，我无法一次次实现自己的目标。我爱你们。

兄长格兰特：你始终像父亲一样，我会一直尊重你、仰视你。你总是在关键时刻帮助我，分享你的经验，帮我渡过难关，让我成长为真正的男子汉。你对家人无私的爱与奉献，多年来始终激励着我，也是我努力的方向。

姐姐罗莉：感谢如此优秀的你成为我的姐姐。你始终支持我、关心我，为我祈祷。你总是深思熟虑后才做判断，你总是对家人和周围的人报以无私的爱。感谢你的善良和善意带来的巨大力量。感谢你无条件的爱。

米歇尔·戴尔·康特：感谢您在我犯错的时候总能直言不讳地指出错误所在，感谢您从一开始就对我的两个孩子敞开心扉。我曾开玩笑：看到自己的女儿嫁给一个离过婚的、带两个小孩的、正在参军的红发小子，这对很多父母来说简直是场噩梦——但它成真了！在养育儿女方面，您和鲍勃树立了极其优秀的标杆。我从您身上学到了很多。感谢您成为我的岳母，感谢您成为康特家族的一员。

Aji 通信集团的托比·赫克特和格雷格·夏尔纳克：感谢你们破解密码，感谢你们揭开了生活不为人知的一面；并同我、同数以万计的专家分享这些秘密。在成为海豹突击队队员和狙击手教官的日子里，我才认识到你们曾经教授的原则的重要性。如果没有你们，这本书不会出版，我也无法成功。

贾斯汀和桑迪·斯克帕茨：感谢你们无私的爱、鼓励与支持。贾斯汀，感谢您在我最需要的时候认同我、鼓励我；桑迪，作为一位母亲和朋友，感谢您的执着和热情指引我和妻子不断前行。谢谢你们。

布兰登·韦伯：感谢你陪我一路走来，我的战友、我的挚友。正是我们的相互激励，才促使对方跨越一个个人生阶段、完成每一个任务，最终从"战友"变成"挚友"（生活上的知己）。过去 20 年，我们的友谊未变；未来 50 年，相信我们的友谊不减。

拉瑞·亚奇：感谢你成为我在部队内外的上司兼知己。感谢能遇到如此优秀、无与伦比的你。

大卫·卢瑟福：感谢你的热情，感染了每一位战士。感谢你向世界展示了、证明了海豹突击队队员的光辉形象。

M 士官长：感谢您在生活和领导能力上授以我经验。尤其在生活上，您对我的影响超乎所有人的想象。

克里斯·桑诺：感谢你成为我的领导、朋友兼同事。你的职业精神令我敬佩，也激励我不断向你看齐。

麦克·瑞特兰德：感谢你在印地赛车和训狗方面，以你的睿智授予我宝贵经验。

大卫·塞克森：感谢你在生活上的指导，感谢你介绍了贝莉莎给我认识，感谢你，我的挚友。尽管现在的你远在他乡，尽管我们很难相聚，但你将影响我的一生。

特拉维斯·莱弗利：感谢你授我以经验，比如，告诉我男子汉和兄弟的意义。感谢你拉我走出困境，感谢你的勇气与关爱。下次聚餐，我请客。

海豹突击队及战友：记得刚加入海豹突击队的时候，我只是一个茫无目的、好高骛远的毛头小子；来到这里之后，我逐渐成为一名真正的男子汉，成为一位称职的父亲。参军前，我

梦想着成为一名真正的海豹突击队队员；参军后，我遇到很多
"我想成为像他一样"的优秀榜样。如今的我，依旧是那个傻傻
的小男孩，梦想成为"像你们一样"的优秀战士。这本书向你
们致敬，向部队优秀的作风致敬；希望这本书能够吸引更多的
年轻人加入海豹突击队，这样，你们就能"折磨"、磨炼他们。
感谢你们迫使我一次次超越极限，让我认识到兄弟的真正含义，
感谢你们激励我突破一个个"不可能"。每一天，你们都与我同
在。前进！

文献资源 / 深度阅读

Amen, Daniel G., M.D.*Change Your Brain, Change Your Life: The Breakthrough Program for Conquering Anxiety, Depression, Obsessiveness, Lack of Focus, Anger,and Memory Problems.* Revised and expanded edition. New York: HarmonyBooks, 2015. Also available as e- book.

Bassham, Lanny.*With Winning in Mind.*3rd edition. Flower Mound, TX:Mental Management Systems, 2012. Also available as an e- book.

Fitzgerald, Matt.*Iron War: Dave Scott, Mark Allen, and the Greatest Race EverRun.* Boulder, CO: Velo Press, 2011. Also available as an e- book.

Hardy, Darren. *The Compound Effect.*New York: Vanguard, 2010. Also availableas an e- book.

Kipling, Rudyard. *Kim.* London: Macmillan, 1901. Also available as an e- book.

Pierson, Melissa Holbrook. *The Secret History of Kindness: Learning from HowDogs Learn.*New York: Norton, 2015. Also available as an e- book.

Pryor, Karen. *Don'tShoot the Dog: The New Art of Teaching and Training.* Revisededition.Lydney, Gloucestershire, UK: Ringpress, 2002.

Skinner, B. F. *The Behavior of Organisms.* New York: D. Appleton- Century,1938; rpt. Boston: Copley Publishing, 1991.

Blehm, Eric.*The Last Season.* (《山中最后一季》，上海社会科学院出版社）New York: Harper Perennial, 2006.Also availableas an e- book.

Csikszentmihalyi, Mihaly.*Flow.*(《当下的幸福：我们并非不快乐，中信出版社）New York: Harper & Row, 1990; rpt. NewYork: Harper Perennial Modern Classics, 2008. Also available as an e- book.

Medina, John.*Brain Rules.* (《让孩子的大脑自由》，浙江人民出版社）Seattle: Pear Press, 2014.Also available as an e- book.

图书在版编目（CIP）数据

海豹突击队教养男孩手册 /（美）埃里克·戴维斯，（美）蒂娜·桑托利著；
耿芳，郝险峰译 . -- 北京：北京联合出版公司，2017.2（2021.4 重印）

ISBN 978-7-5502-9545-2

Ⅰ.①海… Ⅱ.①埃…②蒂…③耿…④郝… Ⅲ.
①男性 - 家庭教育 - 手册 Ⅳ.① G78-62

中国版本图书馆 CIP 数据核字（2017）第 009853 号

北京版权局著作权合同登记 图字：01-2016-9640 号

Raising Men: Lessons Navy SEALs Learned from Their Training and Taught to Their Sons
Text Copyright © 2016 by Sofrep, Inc. dba/Force 12
Published by arrangement with St. Martin's Press, LLC. All rights reserved.

海豹突击队教养男孩手册

作　　者　〔美〕埃里克·戴维斯（Eric Davis）
　　　　　　〔美〕蒂娜·桑托利（Dina Santorelli）
译　　者　耿　芳　郝险峰
责任编辑　牛炜征
项目策划　紫图图书 ZITO®
监　　制　黄　利　万　夏
特约编辑　安莎莎
营销支持　曹莉丽
版权支持　王秀荣
装帧设计　紫图装帧

北京联合出版公司出版
（北京市西城区德外大街83号楼9层　100088）
嘉业印刷（天津）有限公司印刷　新华书店经销
字数120千字　787毫米×1092毫米　1/32　8印张
2017年2月第1版　2021年4月第2次印刷
ISBN 978-7-5502-9545-2
定价：49.90元